法政大学イノベーション・マネジメント研究センター叢書 | 27

中小企業の新たな国際化とマネジメント

［編著］丹下英明　足立裕介　奥山雅之

同友館

はしがき

　本書の目的は，日本の中小企業の国際化における新たな動きを明らかにすることである。特に，海外M&Aや越境のれん分け，製造業によるグローバルなサービス提供といった，これまでとは異なる「新たな国際化」に対して，中小企業がどのように取り組んでいるのか，その「マネジメント」に焦点を当てて，分析を行う。

　本書を執筆するきっかけは，中小企業の国際化における近年の変化を明らかにしたいという思いであった。筆者は，拙著『中小企業の国際経営：市場開拓と撤退にみる海外事業の変革』において，中小企業の海外市場開拓と海外からの撤退を取り上げるなど，中小企業の国際化における近年の変化の一端を明らかにしている。中小企業における海外市場開拓への取組みは，2000年代ごろまでに典型的に見られた中小企業の海外進出，すなわち大企業に追随して海外に進出する，あるいは生産コスト低減を目的に海外進出するといった動きとは異なるものである。海外からの撤退も，外部環境が変化する中で，近年見られる現象である。こうした海外市場開拓や海外撤退について明らかにした後も，中小企業の国際化における新たな動きについて，さらに研究したいと考えていた。

　そうした中，筆者が研究代表者として申請した「日本企業における新たな国際化プロセスに関する研究会」プロジェクトが，法政大学イノベーション・マネジメント研究センターの研究プロジェクトとして採択される。同研究会は，2020年4月から2023年3月まで開催され，2023年4月からは「日本企業における新たな国際化のマネジメントに関する研究会」プロジェクトとして，現在まで継続している。研究会では，中小企業の新たな国際化に興味を持つ研究者に集まってもらい，研究成果の発表やディスカッションを行ってきた。

　本書は，それら2つの研究会に参加したメンバーが中心となって執筆している。足立裕介准教授（熊本学園大学）は，筆者とともに政府系金融機関での勤

務経験があり，理論面だけでなく，実践面からも中小企業の実態を明らかにしてきた。奥山雅之教授（明治大学）は，地域とグローバルをつなげる「グローカルビジネス」研究の第一人者として，地域の視点を取り入れた中小企業の国際化を研究してきた。藤井博義教授（立正大学）は，管理会計が専門である一方，中小企業の海外拠点に学生をインターン生として派遣し，本人も中小企業の海外拠点を積極的に訪問するなど，研究と教育の両面から中小企業の国際化を研究している。本書は，こうした多様なメンバーが「マネジメント」の視点から，「中小企業の新たな国際化」の実態を様々な側面から明らかにしている点に特徴がある。

　本書は，8章立てで構成されている。各章の概要は以下の通りである。
　第1章では，2010年以降に公表された中小企業の国際化に関する先行研究をレビューすることで，研究の到達点と，本書で取り上げるべき課題を明らかにしている。
　第2章では，自発的な連携体による輸出への取組みに焦点を当てる。経営資源に限りのある中小企業において，かつての組合による輸出とは異なり，自発的に他企業と連携し，海外展開を成功させている企業群がみられるようになっている。ここでは，なぜ今，自発的な連携体による海外展開が進められているのかを考察する。
　第3章では，国際提携マネジメントについて分析する。海外市場開拓に取り組む中小企業が増加する中で，現地市場に精通する海外企業と連携する必要性は，ますます増加している。ここでは，海外企業との提携を中小企業がどのようにマネジメントしているのかを探索的に明らかにする。
　第4章では，中小製造業の海外M&Aマネジメントに焦点をあてる。中小企業の海外展開は，これまで，現地に一から法人を設立するグリーンフィールド投資が中心であった。だが，近年は，海外企業を買収する海外M&Aを行う中小企業もみられる。ここでは，海外M&Aを実施した中小企業は，買収先をどのように探索・決定し，交渉しているのか，海外企業を買収後，経営統合をど

のように行っているのかについて考察する。

　第5章では，海外への新たな進出形態に着目する。日本特有の「のれん分け」を活用し，海外へ展開する「越境のれん分け」を取り上げて，その有効性や課題，および本家と別家との役割分担を明らかにする。

　第6章では，中小サービス業の海外展開マネジメントに焦点を当てる。中小企業の海外展開が進む中で，これまでの製造業だけでなく，サービス業などの非製造業による海外展開が進んできている。ここでは，中小サービス業が海外展開に取り組むにあたり，どのようなマネジメントが必要となるか，大企業との比較を中心に考察を進める。

　第7章では，中小製造業のグローバル・サービス・マネジメントを分析する。大手製造業だけでなく，中小製造業においても，サービス事業をグローバルに提供し，かつ利益を生む「プロフィットセンター」へと変えることが求められている。ここでは，グローバル・サービスを提供するために，中小製造業がどのようなマネジメントを行っているのかを明らかにする。

　第8章では，本書の結論をまとめるとともに，今後の研究課題などについて述べる。

　以上のように，本書では，「マネジメント」に焦点を当てて，「中小企業の新たな国際化」の実態を様々な側面から明らかにすることを試みた。本書におけるありうべき誤謬はすべて筆者の責任である。

　本書の出版に際しては，多くの方々から支援をいただいた。

　まず，本書の出版をお引き受けいただいた株式会社同友館代表取締役社長である脇坂康弘氏と，企画から出版までの編集に尽力してくださった佐藤文彦氏にお礼を申し上げたい。

　また，本書の出版に際しては，法政大学イノベーション・マネジメント研究センター2024年度研究書出版補助費の助成を受けている。

　そして，最大の謝辞を述べなければならないのは，インタビューにご協力いただいた中小企業の方々である。多忙な中にも関わらず，貴重なお時間をいた

だいたうえ，筆者らの稚拙な質問に対しても丁寧にご回答いただいたことに感謝申し上げたい。

2024年7月

丹下　英明

⊙目次⊙

第**1**章

中小企業の国際化に関する研究の現状と課題

1. はじめに

(1) 背景と目的

　近年，輸出や海外直接投資といった中小企業の国際化が進んでいる。中小企業の直接輸出企業割合は，1997年度の16.4％から，2020年度には21.2％にまで増加した。直接投資企業割合をみても，1997年度の8.6％から，2020年度には15.1％に増加している（中小企業庁，2023）。少子化に伴う日本国内の市場縮小や，新興国をはじめとする海外市場の拡大が主な理由である。

　中小企業の国際化が進むに伴い，関連する研究が蓄積されている。中小企業の国際化に関しては，松永（2003）が1990年代の先行研究を，寺岡（2013）が2000年代の先行研究をレビューしている[1]。それらは，1990年から2009年にかけての先行研究を整理し，その到達点と課題を整理した点に意義がある。

　一方で，松永（2003）や寺岡（2013）では取り上げられていない2010年以降の先行研究をレビューしたうえで，中小企業の国際化研究に関する現在の到達点と今後の課題について論じたものは少ない。丹下（2015a）では，2010年以降の先行研究をレビューし，現状と課題を整理しているものの，当該論文の発行年である2015年以降の研究については，分析できていない。

　そこで，本章では，2010年以降に公表された中小企業の国際化に関する先行研究をレビューすることで，研究の到達点と今後の課題を明らかにする。特に，2010年以降に公表された中小企業の国際化に関する先行研究を，前述の

---

[1]　これらの研究は，中小企業総合研究機構編『日本の中小企業研究』に掲載されたものである。同書は，約10年ごとに発行され，当該期間の研究成果をテーマ別にまとめたものである。しかしながら，『日本の中小企業研究2000〜2009』を最後に発行されていない。

松永（2003）や寺岡（2013）のレビュー論文や，統計データと対比させることで，2010年以降における中小企業の国際化研究がどのように変化しているのかを明らかにするとともに，残された課題を示す[2]。

　本章の構成は，以下の通りである。2.では，主に，中小企業の海外進出に着目して，先行研究をレビューする。特に，①進出目的，②進出業種，③国際化プロセス，④進出形態といった4つの視点から整理することで，先行研究の到達点と今後の研究課題を明らかにする。3.では，主に，中小企業の海外進出後に着目し，先行研究をレビューする。特に，①海外子会社の機能，②海外子会社のマネジメント，③日本国内拠点への影響といった3つの視点から，先行研究を整理し，今後の研究課題を明らかにする。4.では，以上の分析を踏まえた本書の分析視角を提示する。

　なお，本章における「国際化」の定義には，輸出や海外直接投資だけでなく，生産委託，技術供与も含むこととする。

(2) 先行研究レビューの方法

　本章では，大木（2013）を参考に，先行研究レビューを行った。

　まず，文献の選択基準については，「2010年以降における日本の中小企業の国際化研究がどのように変化しているのかを明らかにする」という本章の目的に従い，言語は日本語で，発行年が2010年以降の文献に限定した。次に，選択基準をもとに，文献検索サイト「CiNii Articles」にて「中小企業　国際化」などの検索式を用いて文献データベース検索を行った。

　文献データベース検索以外の検索方法としては，①日本中小企業学会『日本中小企業学会論集』のなかから，関連がありそうな論文を抽出，②入手した文献の引用文献のなかから，関連がありそうな論文を抽出した。

　これらの結果，先行研究レビューの対象となる論文として，176本を抽出し，レビューを実施した。以下，その結果を，①中小企業の海外進出に着目した研

---

(2) 本稿においては，2010年以降を「近年」と称し，それ以前を「従来」と称する。

究，②中小企業の海外進出後に着目した研究に分類して示す。

2. 中小企業の海外進出に着目した研究

本節では，主に，中小企業の海外進出に着目して，先行研究をレビューする。特に，①目的，②業種，③国際化プロセス，④形態といった4つの視点から整理することで，先行研究の到達点と今後の研究課題を明らかにする。

(1) 目的：生産から販売へ

1990年代から2000年代にかけての中小企業の国際化に関する研究は，製造業かつ生産機能に着目するものがほとんどであった。松永（2003）は，1990年代における中小企業のグローバリゼーションに関する先行研究をレビューし，その研究対象が主として製造業に限られている点を指摘している。2000年代における中小企業とグローバリゼーションに関する研究をレビューした寺岡（2013）をみても，そこで取り上げられる多くの論文が現地生産など，生産面に関するものが多い[3]。

そうした背景として，中小企業の国際化，特に海外直接投資では，製造業を中心に，生産目的での進出が多かった点が指摘できる。親会社の海外への生産移管に伴い，中小企業は，みずからも海外に進出したり，海外の安価な労働力を活用し，生産コスト低減を図ったりといったケースである。そのため，中小企業の海外拠点は，日本の「分工場」として位置づけられ，生産機能のみを有する場合が多かったといえる。

一方，2010年代に入ると，中小企業の海外進出目的は，生産から販売へと変化する。表1-1は，中小企業が海外直接投資を決定した際のポイントの推移を示したものである。これをみると，2004年には31.2％と高い割合を示して

---

(3) 遠山（2019）が「中小企業における海外展開が大きなトピックとなって久しいが，その研究対象は製造業かつ海外現地法人の生産活動に集中しがちである」と指摘するように，こうした状況は，現在も続いている。

表1-1　中小企業が直接投資を決定した際のポイントの推移（複数回答）

（単位：%）

年	2004	2005	2006	2007	2008	2009	2010	2011
良質で安価な労働力が確保できる	31.2	19.9	22.8	26.3	27.7	20.4	28.4	27.2
現地の製品需要が旺盛又は今後の需要が見込まれる	29.3	28.7	30.4	31.6	33.2	39.5	45.5	49.0
納入先を含む，他の日系企業の進出実績がある	23.7	17.0	18.5	20.6	21.1	16.4	25.5	30.1

（注）1. 国内本社が，中小企業基本法に定義する中小企業者と判定された企業を集計している。
　　　2. 2011年度に回答の割合の高い上位3項目について表示している。
出所：中小企業庁『2012年版中小企業白書』p.304
出所：経済産業省「海外事業活動基本調査」

いた「良質で安価な労働力が確保できる」と回答する企業が，2011年には27.2％と減少している。一方で，「現地の製品需要が旺盛又は今後の需要が見込まれる」と回答した企業の割合が2004年の29.3％から2011年には49.0％にまで増加している。中小企業による海外直接投資の目的が，生産コスト低減から市場開拓へとその中心が移っていることがわかる（丹下，2016）。

　こうした動きを踏まえて，2010年以降になると，中小企業の海外市場開拓に関する研究がみられるようになる。そうした研究には，特定の財，そして特定の市場に焦点を当てて，海外市場開拓に向けたマーケティング戦略を分析したものが多くみられる。

　消費財に焦点を当てた研究としては，丹下（2012），丹下（2013）がある。丹下（2012）は，中小消費財メーカーによる中国など新興国市場開拓に向けたマーケティング戦略を明らかにしている。3社の事例研究から，中小企業の新興国マーケティング戦略にみられる特徴として，①ニッチ市場に先行して高付加価値製品を投入，②日本と同じ製品（コンセプト）をあえて投入，③日本製であることをアピール，④流通に積極的に関与し，提供品質をコントロール，の4点を指摘している。

　丹下（2013）では，中小消費財メーカーによる欧州市場開拓に向けたマー

ケティング戦略を明らかにしている。そこでは，欧州市場開拓を実現した要因として，①現地向けに製品を一部改良あるいは新製品を開発することで，デザインをはじめとする現地のニーズに対応，②高価格戦略を採用，③国際展示会の活用や場を設定しての地道な啓蒙活動や現地専門家の活用，といった点が事例研究から明らかにされている。

　中間財に焦点を当てた研究としては，丹下（2015b）がある。丹下（2015b）では，中小自動車部品メーカーによる中国市場開拓に向けた戦略を明らかにしている。3社の事例研究から，以下の2点を指摘する。第一に，製品戦略については，①設計や仕様を変更し，先進国向けよりも品質を若干下げた製品を投入する，あるいは②先進国向けと同等品質の製品を投入するという2つの方向がみられた点である。第二に，経営資源については，海外企業のもつ経営資源が重要な役割を果たしている。すなわち，事例企業は，合弁先の現地企業や第三国企業，買収先の第三国企業といった海外企業の経営資源を活用することで，中国自動車メーカーとの取引を実現している。

　足立・楠本（2017）は，財の種類別に輸出の継続要因を明らかにしている。「日系企業への輸出比率の高い中間財輸出企業においては，日系企業から高い品質を求められるとともに，厳しい競争環境のなかでの輸出となるため，製商品の独自性やアフターフォローにまで広く気を配らないと収益をあげにくい構造となっている」とし，「最終財輸出企業においては，現地での商売のやり方をしっかりと会得して，現地のユーザーに求められるものは何か，現地の人々はどういったビジネスを行っているかを知ることが肝要である」としている。

　こうした先行研究からは，中小企業の海外市場開拓においては，財の種類や販売先国の市場ニーズに応じたマーケティング戦略を採用することが有効であることがわかる。

　中小企業の海外市場開拓は，マーケティング戦略だけでなく，戦略を率先して実践する経営者に依存するところも大きい。そのため，先行研究では，海外市場開拓と経営者の行動との関係に着目した研究も多くみられる。

　山本・名取（2014a）では，主に経営者の企業家活動に着目し，中小製造業

5

がどのように国際化を実現したのか，そのプロセスを分析している。国際化を果たした中小製造業の経営者は，「過去の意思決定の経験」「ネットワーク」「組織構築」によって高めた企業家志向性（EO：Entrepreneurial Orientation）を「国際的企業家志向性（IEO：International Entrepreneurial Orientation）」に転化することで，国際化を実現していることを明らかにしている。そして，転化の要因として外部環境の変化を指摘する。これは，国際化プロセスにおける経営者の行動を説明した点に貢献がある。

山本・名取（2014b）では，「市場志向性」と「輸出市場志向性」，「学習志向性」の概念を活用することで，経営者の企業家活動＝企業家要因の観点から，山本・名取（2014a）で提示された分析視点を拡張している。

海外市場開拓においては，日本国内とは異なる顧客ニーズや市場環境をどのように学習していくのかといった点も論点となる。大田（2018）は，日本の中小繊維企業の事例研究によって，国際化に伴う不確実性に中小企業がどのように対応し，対象市場国のネットワークに参入するのかを，学習に注目して明らかにしている。中小企業は，輸出の着想から展示会への出展に至る過程で，市場や国際化に通じた国内外の同業者・関連業者から，競合，商品開発，輸出，出展，そして標的市場について学習していた。対象国市場への参入に際し，中小企業は，代理商・卸売商や展示会といった市場仲介者を利用する。また，展示会を活用し，競合や顧客などの理解を深めている。

こうした研究からは，中小企業の海外市場開拓においては，経営者の行動や学習も重要であることがわかる。

国内外のパートナーとの連携についても，指摘がなされている。張（2012）は，中小零細食品企業の海外販路開拓事例を分析し，①公設機関や大学など外部資源活用による商品開発，②現地代理店や輸入業者との連携が重要な点を指摘する。丹下（2016）でも，海外企業の活用が海外市場開拓では重要なことを明らかにしている。足立・楠本（2017）も，輸出から撤退した企業の特徴から「直接現地ユーザーとのつながりを強めたり，あるいは信頼できる国内外のパートナー企業をなるべく早く確保したりすることが有用であることがわ

かった」としている。

　以上のように，中小企業の国際化の目的は，生産から販売へとシフトしている。それに伴い，海外市場開拓に焦点を当てた先行研究がみられる。こうした研究においては，中小企業が海外市場の開拓に取り組むうえでのマーケティング戦略や経営者の行動，学習プロセス，パートナーとの連携の重要性といった点が明らかにされつつある。

　しかしながら，先行研究では，中小企業が海外市場の開拓に取り組むうえで，パートナーの探索や関係構築をどのように行えばよいかが十分には明らかにされていない。前述の張（2012）や丹下（2016），足立・楠本（2017）では，国内外のパートナーとの連携の重要性が指摘されているが，パートナーをどのように探索すればよいのか，またパートナーとの関係構築をどのように行えばよいかについては，深掘りされていない。特に，海外市場開拓においては，現地の状況を十分に理解する海外パートナーの探索や関係構築について，十分に分析する必要があるだろう。この点を明らかにすることは，中小企業の国際化の目的が生産から海外市場の開拓へとシフトが進む中で，多くの中小企業にとって重要と考える。

(2)　業種：製造業から非製造業へ

　本章2節（1）で述べたように，中小企業の国際化，特に海外直接投資については，製造業による生産目的での進出が多い。そのため，中小企業の国際化に関する研究は，製造業を対象とするものがほとんどであった。

　松永（2003）は，1990年代における中小企業とグローバリゼーションに関する先行研究をレビューし，サービス業や商業に関する研究蓄積が少ない点を指摘している。そのうえで，「今後はITによるグローバリゼーションの急速な進展とともにサービス業と商業（その大半は中小企業が占める）に関する研究が重要になると思われる」と述べている。

　実際，近年は，非製造業中小企業の海外進出も盛んになっている。中小企業庁（2016）では，規模別・業種別に見た直接投資企業数の推移を分析してい

る。これをみると，直接投資企業数は，中小卸売業が2001年の1,019社から2014年には1,406社に増加している。中小小売業者は，2001年の125社から2014年には129社に，その他中小企業[4]も2001年の986社から2014年には1,590社に増加している。中小企業庁（2016）は，「従来の製造業を中心とした直接投資だけではなく，小売業，サービス業をはじめとした様々な業種の中小企業が直接投資を開始していることが推測される」としている。

こうした動きにともない，2010年以降，中小非製造業の海外進出に着目した研究もみられる。日本政策金融公庫総合研究所（2014）では，中小サービス業による海外直接投資の現状を分析したうえで，問題点として，①途上国における外資への参入規制，②就労ビザの取得が難しいため，日本人スタッフの派遣に制限がある，③所得水準や生活習慣の違いへの対応といった点を指摘している。

遠山（2019）は，自動車中古部品卸売業による直接輸出ビジネスモデルがどのような要素から成立しているか，そこからどのような特徴が導出されたかを分析している。

関（2019）は，カンボジアにおいて，飲食ビジネスを手がけている日系中小企業のケースを考察し，マネジャー自身に日本での斯業経験がなくとも，現地での飲食事業の成長を促すことが可能であることや，事業展開先の国の選択について，「たまたま」カンボジアという国に滞在することを通じて，カンボジアの社会にかかわることになり，その結果として，カンボジアの社会との接点を創造しようとしている点を明らかにしている。

このように，近年は，中小非製造業の海外進出に着目した研究もみられる。一方で，「サービス業に従事する日本の中小企業の国際化の議論は，これまでほとんどなされていなかった」と関（2019）が指摘するように，中小非製造業の国際化に関する研究は十分とはいえず，さらなる研究が求められている分野である。

---

(4) 製造業，小売業，卸売業以外の中小企業を指す。

特に，非製造業のなかでも，美容業や教育業など，顧客への提供品質が，特に「ヒト」に依存するような狭義のサービス業，すなわち「ソフト・サービス」の研究をさらに深めていく必要がある。先行研究では，飲食店や小売店などが多く取り上げられている。こうした業種では，顧客への提供品質は「ヒト」だけに依存するのではなく，提供する商品の品質も重要となる。一方で，美容業や教育業などは，顧客に提供するものがサービスのみであるため，その提供品質は特に「ヒト」に依存する。そうした業種において，文化や習慣の異なる現地人材をどのように採用し，どのように教育すればよいのか，明らかにすることが求められる。

(3) 国際化プロセス：ボーングローバル企業の出現

従来，企業の国際化プロセスは，ウプサラモデルに代表されるような，漸進的・段階的なアプローチが一般的であると論じられてきた（Johanson and Vahlene, 1977など）。ウプサラモデルでは，企業の国際市場展開は，まず本国市場での活動を通じて国内での優位性を獲得し，代理店を介した間接輸出に続き，海外販売ないしはマーケティング子会社の設立後，最終的に国外での生産といった段階に至る国際化プロセスに従うとされる（森田, 2014）。

近年になると，そうしたプロセスとは異なり，本国市場における優位性を獲得するより前に，早期に海外市場に参入するケースがみられるようになった。そうした企業の国際化プロセスは，これまでの漸進的・段階的なアプローチでは，説明が難しい（森田, 2014）。そのため，欧米を中心とした国際経営研究においては，そうした企業をボーングローバル企業（BGC）と称して，多くの研究が蓄積されている。

こうした流れを踏まえて，2010年前後を境に，日本でもBGCに関する研究が進んできた。中村（2013）は，「これまでわが国の市場は北欧諸国などとは異なり内需が大きいため，ベンチャー企業や中小企業で創業時もしくは2・3年以内に国際事業を展開するケースはほとんど見当たらなかった」としたうえで，テラモーターズとジオ・サーチの2社を取り上げて，創業者の国際的起業

家精神，早期国際化，持続的競争優位性等を中心に分析している。

　諏訪（2019）は，高度成長期における日本のBGCの事例分析によって，従来指摘されてきたボーングローバル企業の成長要因や競争優位の源泉の再検討を行っている。その結果，「内在する資源による強さの発揮として，限定された経営資源をニッチ市場で展開したこと，内外のニッチ市場でNo.1となるよう研究開発を進めることを基軸に据えた上で，技術力と製品力だけでとどまらず，アフターサービスの充実まで含めた一連の過程を含めたNo.1を追求したこと，情報を積極的に活用することで成長に導くための外部資源を吸収する仕組みを形成しえたこと」を，ボーングローバル中堅企業の成長要因としている。また，先行研究では，海外経験のある経営者特性などの重要性に焦点が当てられていたが，必ずしも海外経験が豊富ではない経営者でも，条件次第でBGCとして発展してきているといった点を明らかにしている。

　このように，日本においてもBGCに関する研究蓄積が進んできたが，先行研究には課題も存在する。例えば，BGCにおける業種の広がりと理論の適用可能性について，さらに検証が必要と考える。村瀬（2018）は，「これまでBGCをはじめ，早期に海外進出する企業に関する様々な研究がなされてきたが，そのなかで共通していえることは，北欧諸国を中心に出現するケースが多く，その大半は輸出事業あるいは情報技術，エレクトロニクス，バイオテクノロジーといった知識・技術集約型産業であった」と指摘する。そのうえで，サービス産業におけるボーングローバル企業の出現可能性と競争優位について検討している。嶋（2016）もBGC研究について，日本では製造業に研究が偏っている点を指摘している。今後は，サービス産業など，非製造業のBGC研究なども必要となるだろう。

(4) 形態：越境EC，トランスナショナル創業の出現

　従来，企業の国際化プロセスは，代理店を介した間接輸出に続き，海外販売ないしはマーケティング子会社の設立後，最終的に国外での生産といった段階に至る国際化プロセスに従うとされてきた（森田，2014）。近年では，こうし

た各段階にみられる進出形態とは異なる進出形態に着目した研究もみられ始めている。

　第一に，情報技術の進展に伴い発展してきた越境ECに着目した研究である。竹内（2014）は，「海外直接投資や輸出は，『コストがかかる』『代理店を探すのが難しい』など，ハードルが高いと考える中小企業も多い。そこで，注目されるのが『越境EC』である」と述べる。そのうえで，越境ECのメリットとして，直接投資に比べて費用も時間もかからない，商圏が特定の地域に限られることもないといった点を指摘する。一方で，代金回収や法的リスクなどのデメリットも指摘したうえで，「これらのリスクは知識があればコントロールできるものであり，適切に対処することで越境ECの利点を十分に享受することができる」とし，中小企業にとっての越境ECの重要性を指摘している。

　竹内（2018）では，近年拡大する中国向け越境ECについて，「中国の越境ECは，その規模と成長性を考えると，中小企業にとっても魅力的な市場である。また，様々なサービスが提供されており，参入自体は必ずしも難しくはない。しかし，競争も激しく，中小企業が自力で成果をあげることは難しい。どのプラットフォームを使うか，プロモーションをどの事業者に依頼するかなど，パートナー選びがきわめて重要である」と指摘する。近年では，ライブコマースなど，新たな販売手法も登場している。中小企業が単独でそうした手法に対応することは容易ではないだろう。越境ECのメリット・デメリットを踏まえたうえで，対応することが中小企業には求められている。

　第二に，トランスナショナル創業に関する研究である。播磨（2019）は，国境を越え，2カ国以上のリソースを動員し，特別な経済・社会価値を生み出し，新たなつながりを生み出す起業家を「トランスナショナル起業家」と定義する。トランスナショナル起業家は特異な強みと弱みを持つが，その特徴は多様であること，創業に至るメカニズム，社会・地域に与える影響なども，多層的・多面的に考える必要があることなどを明らかにしている。そして，日本でも，海外で創業する日本人起業家や多様なバックグラウンドを持つ外国人起業家といった，トランスナショナル起業家の経済的役割を考えていく必要があ

り，そのことが日本における創業エコシステムのさらなる強化にもつながる可能性を指摘している。

　佐脇（2019）は，タイ・マレーシアの11人の日本人起業家を対象に，調査研究を行っている。そこでは，日本人起業家がイノベーションを起こして成功していることや，徹底した現地化や第三国への海外展開を図っているといった点を明らかにしている。

　以上のように，近年は越境EC，トランスナショナル創業など，新たな進出形態が見られる。そして，そうした新たな進出形態に着目した研究が蓄積されはじめている。一方で，中小企業による海外進出形態は，さらなる多様化がみられる。例えば，自発的な連携体による海外輸出への取組みである。地方の同業者が自発的に連携して統一ブランドを構築し，海外輸出に取り組むといった動きが国内各地でみられる。越境ECが発達した現在において，地方の中小企業はなぜ単独ではなく，連携して輸出に取り組むのか，明らかにしていく必要があるだろう。

　また，日本国内で伝統的な「のれん分け」を海外進出に活用する「越境のれん分け」といった動きもみられる。なぜこうした企業は，海外直接投資や輸出，フランチャイズではなく，「越境のれん分け」という進出形態を選択しているのか，分析することも重要だろう。

　さらには，日本の中小企業のなかにも，海外企業に対してM&Aを実施することで，国際化をはかるといった事例も現れている。経営資源に乏しい中小企業が，文化も慣習も異なる海外企業に対して，なぜM&Aを行い，どのように成功させているのか，研究を蓄積する必要がある。

3. 中小企業の海外進出後に着目した研究

　本節では，主に，中小企業の海外進出後に着目し，先行研究をレビューする。特に，①海外子会社の機能，②海外子会社のマネジメント，③日本国内拠点への影響といった3つの視点から，先行研究を整理し，今後の研究課題を明

らかにする⁽⁵⁾。

(1) 海外子会社の機能：販売機能の拡大

　本章2節（1）および2節（2）で示したように，1990年代から2000年代にかけての中小企業の国際化に関する研究は，製造業かつ生産機能に着目するものがほとんどであった。これは，中小製造業の海外子会社の多くが生産機能を有するにとどまっており，取引先への販売や製品開発については，日本本社が行うことが多かったためである。

　しかしながら，近年は，海外子会社の販売先が変化している。進出当初，海外子会社の販売先は日本の本社や親会社など，日本への輸出が多かった。その後，海外子会社の販売先は，現地に進出した日系企業へと拡大する。近年では，欧米系企業や地場企業へと販売先はさらに拡大している。

　こうした動きを反映して，海外子会社の販売機能に着目した研究がみられる。弘中（2018）は，マレーシアに進出した中小企業が，日系企業だけでなく，ローカル企業を含めた海外の企業に販売先を拡大することで，長期にわたり存続していることを明らかにしている。そのうえで，海外展開する中小企業が目指すべきは，販売先を現地の日系企業に限定せず，国際競争力のある企業を顧客として開拓する「販売の国際化」であり，それが売上をより安定させることにつながるとしている。丹下（2015b）では，中国において，地場企業への販路開拓を実現するためには，合弁先などの海外企業と連携することが有効であることを主張している。

　海外子会社における販売分野の多様化に着目した研究もみられる。海外子会社において，既存製品をこれまでと異なる市場で販売したり，新事業に参入したりといった取組みである。岸田・王・姚（2021）は，中国に進出した中小企業が，日本本社では未経験であった自動車関連分野において，新たな販路開

---

(5) 他にも丹下（2016）のような，海外事業再編に関する研究があるが，本稿では取り上げない。

拓に取り組んだことが，海外拠点の存続につながったことを明らかにしている。兼村（2019）は，東アジアでの新事業展開が，リスクや困難を抱える日本に比べて有利な環境にあるとする。東アジアには，需要がありながらも供給業者が不足する「未充足の需要分野」があるため，海外拠点を有する中小企業は，そうした機会に「気づく」ことで，これまでとは異なる新事業展開を行うことが可能となる。

海外子会社の機能を変化させることは，海外子会社の長期存続につながるとする研究もみられる。丹下（2017）は，事例研究から，海外拠点の販売先や生産品目，生産プロセス，現地の機能などを外部環境に応じて変化させることが，海外拠点を長期にわたり存続させる要因であることを探索的に明らかにしている。

このように，中小企業は，海外子会社の販売機能を拡大することで，海外子会社の存続を図っている。そうした動きに連動し，海外子会社の販売機能に着目した研究もみられるようになってきている。

一方で，先行研究には課題もみられる。海外子会社の機能拡大に関する研究は，販売面にとどまっており，それ以外の機能拡大に関する研究は少ない。例えば，海外子会社の開発機能に関する研究は，大企業を中心に研究がみられるものの，中小企業に関する研究は少ない。中小企業の多くが現地で開発まで手掛けているケースが少ないことが影響していると考える。

海外子会社におけるサービス機能の強化に関する研究も求められる。大企業では，「製造業のサービス化」として，研究が蓄積されはじめてはいるものの，中小企業の海外子会社におけるサービス化への動きは，十分には研究されていない。海外子会社におけるサービスの提供など，新たな動きを分析する必要があるだろう。

(2) 海外子会社のマネジメント：外国人材の活用

大企業を対象とした国際経営研究では，近年，海外子会社を単なる分工場ではなく，「優位性を生み出す主体」として見直している（大木，2016）。そうし

た流れを反映して，中小企業の海外子会社のマネジメントに着目した研究が進み始めている。

　特に，現地人材の活用に着目した研究が多くみられる。丹下（2017）は，海外拠点を長期存続させるためには，現地国籍の人材を現地責任者や幹部に登用するなど，現地人材を積極的に活用することが有効と主張する。弘中（2018）も，マネジメントの国際化の第一ステップは，ローカル社員の登用であり，特に，営業については，早急に強化すべきであるとしている。

　現地人材活用の必要性は，今後，さらに強まる可能性が指摘されている。兼村（2020）は，新型コロナ禍においても，日系中小企業が海外拠点で雇用を維持している事実を指摘する。そのうえで，こうした動きは，日系中小企業への現地での評価を高め，現地人材の定着を促すことから，海外拠点において「人の現地化」が進む可能性を指摘する。海外展開する中小企業からは，「日本から経営者や決裁者が現地に赴いて判断することができないため，現地への権限移譲を行う必要が出てきている」といった声も聞こえており，こうした点からも，現地人材の活用が進むものと考える。

　もちろん，現地人材の活用は容易ではない。弘中・寺澤（2020）によると，中小企業の海外拠点における組織マネジメントの課題は，職務や目標，部署での協力関係，望ましいコミュニケーション手段などにおいて，日本人管理者と現地従業員との間に認識の相違がある点である。そのため，日本人管理者の異文化適応が重要であり，派遣前に異文化理解力を高めるための研修を行う必要性を指摘している。中小企業は，こうした研究成果を取り入れながら，日本人管理者の異文化適応を促すとともに，現地人材の活用を進めることが，今後は必要と考える。

　今後の研究課題としては，国際経営研究が指摘する海外子会社を「優位性を生み出す主体」とするには，中小企業においてどのようなマネジメントが必要なのか，さらに深掘りして明らかにする必要がある。丹下（2017）では，海外子会社が主導してイノベーションを実現した中小企業の事例研究から，海外子会社への権限移譲がその実現要因であることを明らかにしている。前述の外

国人材活用に関する研究は，海外子会社の自律したマネジメントに向けた1つの方向性ではあるが，海外子会社が「優位性を生み出す主体」となるためには，海外子会社への権限移譲や海外子会社の経営者の役割，さらには日本本社の経営者の役割にも着目した研究などが必要と考える。

(3) 日本国内拠点への影響

　中小企業の国際化，特に海外直接投資と日本国内拠点への影響に関する研究は，「産業空洞化」議論にみられるように，以前は，国内事業に対するマイナス面に着目した研究が多くみられた（丹下，2015a）。

　2010年代になると，こうした状況は変化する[(6)]。中小企業庁（2012）や日本政策金融公庫総合研究所（2012）などによって，中小企業の海外直接投資は，日本国内拠点にプラスの効果を及ぼすとの研究が発表されるようになった。竹内（2013）はこうした先行研究について，「海外展開が企業の成長手段，すなわち日本経済の成長手段として有効であることが示されたのであり，海外展開を政府が推進する理論的根拠となった」と指摘する。

　一方で，「中小企業の海外展開による国内業績向上のロジックについては，粗い議論がなされてきた」と浜松（2013）が指摘するように，海外展開がどのような経路で国内事業に波及するのか，そのプロセスは，十分に明らかにされてこなかったが，近年では，浜松（2013）や山藤（2014），藤井（2013），藤井（2014）などによって，明らかになってきている。

　浜松（2013）は，長野県諏訪地域の海外展開企業を対象に，事例研究を行い，国内事業への効果波及プロセスを明らかにしている。海外展開による国内業績への効果を直接的効果と間接的効果に分類して分析している。直接的効果としては，「グローバル受注」「営業拠点機能」「利益移転」の3つをあげ，海外拠点を設立すると自動的に得ることができる直接的効果のインパクトはそれ

---

(6) 以下の竹内（2013）や浜松（2013），山藤（2014），藤井（2013）に関する記述は，丹下（2015a）による。

ほど大きくないとする。一方で，海外展開によって生まれた生産能力余剰と危機感により，自社で顧客開拓，技術蓄積を実行する能力の向上をもたらす「触媒的効果」があると主張する。

　こうした浜松（2013）の主張に対し，山藤（2014）は反論し，浜松（2013）が限定的であるとした3つの直接的効果が日本の中小企業の国内事業の維持・拡大に貢献していることを事例研究によって示している。3つの直接的効果のうち，特に「営業拠点機能」については，「海外拠点の顧客の紹介により，国内拠点の顧客が増加すること」を「ブーメラン効果」と定義して，その効果を強調している。

　藤井（2013）は，海外直接投資が国内事業のどのような要素に変化をもたらすのかを分析し，①労働集約的な業務を海外へと移管し，国内は製品企画やマーケティングなど知識集約的な業務に特化することで，企画力や営業力が高まるパターン，②海外での取引をきっかけに国内事業の評価や営業力が向上するパターン，③海外での勤務機会の存在が従業員の士気の向上や採用のしやすさにつながるパターン，④国内とは異なる経営環境に足を踏み入れたことでイノベーションが起き，品質管理体制の改善や製品・サービスのラインアップの拡大などにつながるパターン，の4つのパターンに整理した。

　丹下（2015a）は，そうした先行研究を踏まえたうえで，中小企業の海外直接投資が日本国内拠点の業績向上につながるプロセスは，他にも想定される点を指摘している。特に，Govindarajan and Trimble（2012）が提示したリバース・イノベーション[7]の概念が中小企業においても起こりうる可能性を提示している。

　近年では，そうした点についても研究が蓄積されている。Tange（2014）は，

---

(7) リバース・イノベーションは，Govindarajan and Trimble（2012）が提示した概念であり，途上国で最初に生まれたイノベーションを富裕国に逆流させるイノベーションである。製品のイノベーションだけでなく，製造や販売といったビジネスモデルのイノベーションをも含む概念である。リバース・イノベーションを実現するためには，これまでの戦略を見直すだけでなく，マインドセットやグローバル組織，プロジェクト単位での見直しが必要としている（丹下，2015a）。

事例研究によって，リバース・イノベーションが日本の中小企業においても起きていることを明らかにしている。吉田（2019）は，詳細な事例研究をもとに，海外現地発イノベーションのプロセスを明らかにしている。中小企業は，現地適応マーケティングによって新たな優位性を現地集積から能動的に獲得し，日本から持ち込む強みと融合することで，現地発イノベーションを起こしていくとしている。そのためには，アントレナーシップの発揮と，現地人材の育成が重要としている。吉田・山口（2021）は，現地発イノベーションの生成過程と，地域活性化につながるプロセスを探索的に明らかにしている。現地発イノベーションは，吉田（2019）が明らかにした企業だけでなく，組合でも有効な点を指摘している。

　以上のように，中小企業の国際化における日本国内拠点への影響については，プラスの効果が得られるとの研究が多い。そして，国内拠点の業績向上につながるプロセスについて，多様な側面から研究が蓄積されてきている。

　一方で，課題も存在する。日本中小企業におけるリバース・イノベーションは，いまだ少数にとどまっている。国際化する多くの中小企業では，リバース・イノベーションは起きていないのが現状である。なぜ日本の中小企業では，海外子会社でのイノベーションを日本国内に取り込むことができていないのか，どのようにすれば，日本国内にも取り込むことができるのか，こうした点について，さらなる深掘りが求められる。

4. 結論と本書の分析視角

　本章では，2010年以降に公表された日本中小企業の国際化に関する先行研究を中心にレビューを行った。その結果，中小企業の国際化研究がどのように変化しているのかについて，以下の2点を明らかにした。

　第一に，中小企業における海外進出の変化に伴い，研究の着眼点も変化している。すなわち，①目的：生産から販売へ，②業種：製造業から非製造業へ，③国際化プロセス：漸進的・段階的なモデルからボーングローバル企業へ，④

形態：海外直接投資などから，越境ECやトランスナショナル創業といった新たな形態へ，といった変化がみられる。

　第二に，中小企業における海外進出後についても，その変化に伴い，研究の着眼点が変化している。すなわち，①海外子会社の機能：生産機能から販売機能へ，②海外子会社のマネジメント：外国人人材のマネジメントへの着目，③日本国内拠点への影響：マイナスの影響から，プラスの影響に着目した研究へ，といった変化がみられる。

　また，本章では，中小企業における国際化における新たな動きについて，今後の研究課題を各節で指摘した。そうした研究課題のなかから，本書では，以下の3つを分析視角として取り上げたい。

　第一に，国内外企業との連携のマネジメントである。本章では，中小企業の国際化の目的が，生産から海外市場開拓へとシフトが進む中で，現地の状況に精通した海外パートナーと連携する重要性は増している一方で，海外パートナーの探索や関係構築をどのように行えばよいかについては，十分には明らかにされていないことを指摘した。また，近年みられる国内企業同士が自発的に連携し，海外市場開拓に取り組む動きについても，十分には明らかにされていないことも述べた。こうした新たにみられる連携を，中小企業はそれぞれどのようにマネジメントしているのか，明らかにしていく必要があると考える。

　第二に，新たな進出形態におけるマネジメントである。本章では，海外企業に対してM&Aを実施する中小企業が現れていることや，「のれん分け」を海外進出に活用する「越境のれん分け」といった新たな動きがみられることを指摘した。こうした新たな進出形態において，中小企業がどのようにマネジメントを行っているのか，分析することも重要だろう。

　第三に，サービスのマネジメントである。本章では，美容業や教育業など，サービスの提供品質が「ヒト」に依存するようなサービス業の海外進出が進み始めていることや，製造業のサービス化が進む中で，製造業による海外でのサービス機能の提供や強化といった新たな動きを指摘した。こうした海外におけるサービスのマネジメントに関する研究も求められている。

第2章以降は，以上3つの分析視角から，研究成果を示していく。

〔付記〕本章は，法政大学イノベーション・マネジメント研究センターの助成を受けた成果であり，丹下英明（2023）「日本中小企業の国際化に関する研究の現状と課題」法政大学イノベーション・マネジメント研究センター『イノベーション・マネジメント』No.20，pp.85-100をもとに，大幅に加筆・修正したものである。

〈参考文献〉
足立裕介・楠本敏博（2017）「中小企業における輸出継続の要因」日本政策金融公庫総合研究所『日本政策金融公庫論集』（37），pp.29-49.

大木清弘（2016）「海外子会社のパフォーマンスと本社，駐在員，現地従業員の権限：タイの日系販売子会社への質問票調査」国際ビジネス研究学会『国際ビジネス研究=Journal of international business』8（1），pp.59-72.

大木秀一（2013）『文献レビューのきほん：看護研究・看護実践の質を高める』医歯薬出版.

大田康博（2018）「日本中小繊維企業の国際化過程における学習：海外出展を通じた輸出を中心に」商工総合研究所『商工金融』68（2），pp.47-67.

兼村智也（2019）「東アジアでの新事業展開の可能性—進出中小企業の成長戦略の一つとして」日本中小企業学会編『中小企業と人材—人材育成に期待される中小企業の役割』同友館，pp.61-74.

兼村智也（2020）「ミャンマーに進出する内需向け日系中小企業」大阪経済大学中小企業・経営研究所『中小企業季報=Small business quarterly journal』2020（1），pp.17-32.

岸田伸幸・王鵬・姚海峰（2021）「「新常態」での中国残留日系サプライヤーの生残り戦略—㈱滝田グループ中国現法の展開と新事業開発」『事業創造大学院大学紀要』12（1），pp.47-62.

佐脇英志（2019）「ASEAN日本人起業家とイノベーションの研究（タイ・マレーシアの事例）」国際ビジネス研究学会『国際ビジネス研究』11（1），pp.21-43.

嶋正（2016）「ボーン・グローバル企業のマーケティング戦略」国際ビジネス研究学会『国際ビジネス研究』8（2），pp.19-33.

諏訪博昭（2019）『ボーングローバル中堅企業の持続的成長に関する研究』埼玉大学　埼玉大学大学院経済科学研究科博士学位論文.

関智宏（2019）「中小サービス企業による海外事業展開プロセス：カンボジア・シェムリアップにおける日系飲食ビジネスをケースとして（藤原秀夫教授古稀祝賀記念号）」『同志社商学＝The Doshisha business review』70（6），pp.1075-1090.

竹内英二（2013）「海外展開が中小企業に及ぼす影響」日本政策金融公庫総合研究所編『中小企業を変える海外展開』同友館，pp.23-74.

竹内英二（2014）「期待される越境ECとそのリスク」日本政策金融公庫総合研究所『日本政策金融公庫論集』（22），pp.1-15.

竹内英二（2018）「中国向け越境ECの拡大は中小企業にとってチャンスか」日本政策金融公庫総合研究所『日本政策金融公庫論集』（41），pp.31-45.

丹下英明（2012）「新興国市場を開拓する中小企業のマーケティング戦略―中国アジア市場を開拓する消費財メーカーを中心に」日本中小企業学会編『中小企業のイノベーション』同友館，pp.133-144.

丹下英明（2013）「消費財中小企業の海外市場開拓：欧州流通業者のニーズと中小企業のマーケティング戦略」日本政策金融公庫総合研究所『日本政策金融公庫論集』（21），pp.27-47.

丹下英明（2015a）「中小企業の海外展開に関する研究の現状と課題：アジアに展開する日本の中小製造業を中心に」埼玉大学経済学会『経済科学論究＝The journal of economic science』pp.25-39.

丹下英明（2015b）「中小企業の新興国メーカー開拓戦略：中国自動車メーカーとの取引を実現した日系中小自動車部品メーカーの戦略と課題」日本政策金融公庫総合研究所『日本政策金融公庫論集』（27），pp.21-42.

丹下英明（2016）『中小企業の国際経営：市場開拓と撤退にみる海外事業の変革』同友館.

丹下英明（2017）「中小企業における海外拠点の存続要因」『経営・情報研究　多摩大学研究紀要＝Tama University Journal of Management and Information Sciences』（222），pp.67-82.

張又心Barbara（2012）「中小零細食品企業の海外販路開拓戦略～新商品開発と現地代理店との連携～」額田春華・山本聡・遠原智文『中小企業の国際化戦略』同友館，pp.80-114.

中小企業庁（2012）『中小企業白書2012年版』日経印刷.

中小企業庁（2016）『中小企業白書2016年版』日経印刷.

中小企業庁（2021）『中小企業白書2021年版』日経印刷.

中小企業庁（2023）『中小企業白書2023年版』日経印刷.

寺岡寛（2013）「中小企業とグローバリゼーション」『中小企業総合研究機構　日本の中小企業研究：2000～2009　第1巻　成果と課題』同友館，pp.301-323.

遠山恭司（2019）「中小企業における直接輸出ビジネスモデルの一考察：プラットフォームと標準化」大阪経済大学中小企業・経営研究所『中小企業季報＝Small business quarterly journal』2018（4），pp.11-25.

中村久人（2013）「日本のボーングローバル企業の事例研究：テラモーターズとジオ・サーチを中心にして」東洋大学経営学部『経営論集』（82），pp.165-179.

日本政策金融公庫総合研究所（2012）「中小企業の海外進出に関するアンケート調査」

日本政策金融公庫総合研究所（2014）『海外市場に挑戦する中小サービス産業』文一総合出版.

浜松翔平（2013）「海外展開が国内拠点に与える触媒的効果—諏訪地域海外展開中小企業の国内競争力強化の一要因」日本中小企業学会編『日本産業の再構築と中小企業』同友館，pp.84-96.

播磨亜希（2019）「トランスナショナル創業：国境を越える起業家の役割と課題」日本政策金融公庫総合研究所『日本政策金融公庫論集』（45），pp.35-58.

弘中史子（2018）「中小企業の海外生産と顧客開拓」日本中小企業学会編『新時代の中小企業経営：GlobalizationとLocalizationのもとで』同友館，pp.17-30.

弘中史子・寺澤朝子（2020）「海外生産で成長する中小企業の組織マネジメント：マレーシアでの実態調査にみる日本人管理者の抱える課題」日本政策金融公庫総合研究所『日本政策金融公庫論集』（48），pp.37-61.

藤井辰紀（2013）「中小企業における海外直接投資の効果」日本政策金融公庫総合研究所『日本政策金融公庫論集』pp.49-66.

藤井辰紀（2014）「中小企業の海外直接投資が国内事業に影響を及ぼすメカニズム」日本中小企業学会編『アジア大の分業構造と中小企業』同友館，pp.173-185.

松永宣明（2003）「中小企業とグローバリゼーション」『中小企業総合研究機構　日本の中小企業研究：1990～1999　第1巻　成果と課題』同友館，pp.325-349.

村瀬慶紀（2018）「サービス産業におけるボーングローバル企業の出現可能性と競争優位」『常葉大学経営学部紀要＝Bulletin of Faculty of Business Administration Tokoha University』5（1・2），pp.91-104.

森田正人（2014）「ボーングローバル企業研究の現状と今後の課題」横浜国立大学国際社会科学学会『横浜国際社会科学研究』18（4），pp.83-99.

山藤竜太郎（2014）「海外事業と国内事業の両立可能性―ブーメラン効果に注目して」『中小企業学会論集33　アジア大の分業構造と中小企業』同友館，pp.199-211.

山本聡・名取隆（2014a）「中小製造業の国際化プロセスと国際的企業家志向性，輸出市場志向性，学習志向性：探索的検討と仮説提示」『日本ベンチャー学会誌』24，pp.43-58.

山本聡・名取隆（2014b）「国内中小製造業の国際化プロセスにおける国際的企業家志向性（IEO）の形成と役割：海外企業との取引を志向・実現した中小製造業を事例として」日本政策金融公庫総合研究所『日本政策金融公庫論集』（23），pp.61-81.

吉田健太郎（2019）『日本中小企業のリバース・イノベーションに関する研究』埼玉大学大学院人文社会科学研究科博士学位論文.

吉田健太郎・山口真知（2021）「地域活性化と中小企業の国際化との関係性に関する一考察―佐賀の地場産業組合の現地発イノベーションの事例に着目して」商工総合研究所『商工金融』71（4），pp.50-72.

Govindarajan, C. and Trimble, V. (2012) *Reverse Innovation: Create Far From Home, Win Everywhere*, Harvard Business School Press Books.

Johanson, J. and Vahlne, J-E. (1977) "The internationalization process of the firm: A model of knowledge development and increasing foreign market commitments", *Journal of International Business Studies*, 8(1), pp.23-32.

Tange, H. (2014) "Innovation Process of Japanese SMEs Triggered by Emerging Market Development: Possibility of Expanding the Reverse Innovation Theory to SMEs", *Collection of Papers by Japan Finance Corporation* (25), pp.29-40.

丹下英明

第<big>**2**</big>章

連携体による輸出のマネジメント

1. はじめに

　経営資源に限りのある中小企業においては，他企業との連携が成長発展のためには重要となる。そうした連携を行うことで海外展開を成功させている企業群がみられるようになっている。本章では，なぜ今，連携体による海外展開が進められているのかを考察する。

　人口減少や少子高齢化の進展により，国内市場の縮小が見込まれている。一方，海外では今後も新興国を中心とした経済成長が予想される。わが国企業がさらに成長していくためには，海外需要を積極的に取り込んでいくことが期待されている。なかでも輸出については，国内にいながら外需を獲得できるという点において，比較的取り組みやすい事業といえる。輸出には多くの固定費がかかるため，どのような企業でも輸出に取り組めるわけではない。しかし，直接投資に比べて相対的に低いコストで海外需要を取り込むことができる手段である。越境ECなどによって小規模の企業でも輸出を行う事例も増えている。

　実際に，中小企業のうち輸出に取り組む企業の割合は増加傾向にある。1999年における直接輸出に取り組む企業割合が17.3％であったが，2009年には19.9％，2019年には21.5％となっている[1]。しかし一方で，輸出額の推移をみると，2016年までは増加傾向となっていたが，その後は減少傾向に転じ，2019年は2016年と比較して約2割の減少となっている。減少理由の1つとしては，海外への直接投資が増えることで相対的に輸出が減少していることが考

---

(1)「中小企業白書2022年版」による。経済産業省「企業活動基本調査」の再編加工に基づいているが，同調査の対象企業の規模は従業者50人以上かつ資本金額又は出資金額3,000万円以上と小規模企業が含まれていないため，中小企業全体より高めの数値となっている可能性がある点には留意が必要である。

えられる。しかし，それを差し引いたとしても，例えば輸出から撤退する企業が毎年一定数存在することが指摘されている（丹下，2015）など，輸出に取り組む企業が必ずしも順調に増加しているわけではないだろう。なるべく多くの中小企業が輸出に取り組むようになるとともに，継続して輸出を行っていくことが，わが国経済の成長に寄与することとなる。本章では，そのための有力な方策の1つとなりうる，連携体による輸出について取りあげる。

2. 先行研究レビューとリサーチ・クエスチョン

(1) 中小企業の輸出について

　中小企業の輸出への取組みについて，藤井（1980）は，中小企業の輸出の多くが，産地に位置する産地問屋を通じて取り組まれてきたことを指摘している。その中では，個々の中小企業が直接的に海外の市場に触れることは少なく，ましてや自社製品を自ら輸出する能力に欠けていたとしている。

　その後，輸出に取り組む中小企業が徐々に増えていくこととなるが，丹下（2016）では，中小企業の輸出の現状と課題を明らかにしている。大規模サンプルへのアンケートを行った結果，以下の5点を抽出した。第一に，輸出形態をみると，産地問屋や輸出商社を経由した輸出だけでなく，直接輸出によって，自ら積極的に輸出に取り組む中小企業が多くなっている。第二に，輸出開始に向けた取組みについて，直接輸出は輸出開始に必要な費用や人材の負担が間接輸出に比べて大きく，輸出先開拓も現地での取組みが中心となっている。第三に，輸出に取り組むことによって，輸出先の法制度や商習慣などの知識を蓄積するなど，学習効果を得ている。また，企業・製品の評判・イメージ向上や，従業員の士気向上，品質管理水準の向上といった変化を通じて，輸出企業の生産性向上にもつながっている。第四に，中小企業が輸出に取り組むための環境は向上している。第五に，輸出への取組みは決して容易ではなく，現地での競争環境が激化するなか，輸出で利益を上げる企業は約6割に過ぎない。課題として最も多いのは，「販売先の確保」（37.6％）で，それに次ぐのが，「現

地の市場動向・ニーズの把握」（31.8％）となっている。中小企業は，こうしたメリットとデメリットを踏まえたうえで，輸出に取り組む必要があると結論付けている。

足立・楠本（2017）は，①輸出収益に影響をおよぼす要因は何か，②輸出から撤退した企業の特徴に見られる輸出継続に向けた要因は何か，について分析した。まず①については，主たる輸出品目が最終財（製品・商品）と中間財（部品・原材料）の企業に分類し，それぞれ実証分析を行ったところ，いずれの財においても，輸出規模が大きくなるほど収益を確保しやすくなることが観察された。主たる輸出品目別でみると，中間財輸出企業では，製品の独自性や提案力，代表者の属性といった要因が，輸出事業の収益性に影響することが確認された。また，最終財輸出企業においては，現地の法制度や商習慣の把握といった項目以外には，輸出の収益性に影響を与える要因を確認できなかった。一方，②の撤退企業の特徴からは，直接現地ユーザーとのつながりを強めたり，あるいは信頼できる国内外のパートナー企業をなるべく早く確保したりすることが有用であることがわかった。そうすることで，現地のニーズや市場動向といった重要な情報の収集頻度や鮮度を高めることができ，輸出事業から撤退せずに済むようになるとしている。

岩佐（2013）は，中小企業の直接輸出における成功要因としては，独自の高付加価値製品による差別化，代理店との強力な信頼関係，経営者のリーダーシップという3点を挙げる。特に製品づくりにおいては，海外市場のニーズや情報を積極的に蓄積し，継続的に開発を続けることで実現することができるとしている。

伊藤・齋藤（2019）は，地方における間接輸出の役割を中心に分析を行った。その結果，直接輸出を実施できるのは，生産性が高く規模の大きな企業に限られていることや，製造業の輸出割合は都市部で特に高く，地方の企業は直接輸出をする傾向が低いことが確認された。地方では，規模の小さな企業が多いことに加え，輸出コストが高いことによって，直接輸出を行うことが相対的に困難だと指摘している。また，生産性および企業規模によって，直接輸出，

間接輸出，非輸出のソーティングがなされるという国際貿易における理論的予測を支持する実証結果も得ている。すなわち，最も高い生産性あるいは規模の大きな企業は直接輸出を行い，直接輸出をすることはできないが生産性が次に高い企業は間接輸出を行い，最も低い生産性（小さな規模）の企業は国内取引のみに従事する，ということが実証的に明らかにされた。

(2) 中小企業の連携体の構築について

　中小企業の連携については一定の研究の蓄積がある。まず，企業間連携の意義を理論的に整理した研究として，木村（2011）が挙げられる。新制度学派経済学の観点から捉えると，ウィリアムソンらの取引費用理論が示す「中間組織」が企業間連携に当たるとする。中間組織は，取引費用の節約と専門化による生産性の向上を同時に実現させるための仕組みとしての合理性を持っている。しかし，同理論は生産費用を一定と仮定している点や，取引相手をコストの高低だけで決めるという点で，現代の市場に当てはめるには限界がある。そのため，Chesbrough（2003）のオープン・イノベーション・パラダイムといった，知識ベースの企業論も同時に検討することで，連携によって，社内外に存在する必要な知識を必要な場面で取り込むことができるという仕組みを明らかにした。そうした企業間連携が中小企業であまり取り組まれていない理由として，自社と能力的あるいはポジション的に補完関係にある企業を探し出すことや，共同で事業を行うための準備，そして連携の前提となる相互の信頼を醸成することなどに困難が立ちはだかっていることを挙げている。連続的なイノベーションを実現するには多様な知識を融合する必要があり，そのためには多様な集団との情報交換や相互学習が欠かせないが，そうしたネットワークを実現し維持させるためには多大な時間やコストがかかるとしている。ネットワークの創出でリーダー的な役割を担う人材や機関，あるいは調整にかかわるコーディネーターが，いわゆる「ブリッジ」（橋渡し）の機能を担う意義が大きく，そうした存在をどのように支援していくかが地域産業政策における課題であるとしている。

　また，連携の形態の変化に着目する研究として，池田（2006）や池田（2020）が挙げられる。池田（2006）は，1988年に制定された融合化法により全国で多くの異業種交流グループが結成されたが，そのほとんどはその後，活動を休止もしくは解散していると指摘する。同法が10年間の時限立法であり，補助金の支給が途切れるなどにより活動が低迷したためとしている。その後，2000年頃から発生してきた新たな中小企業ネットワークは，地域の危機意識の共有といった目的を持った母体が，民主導で意識的に作られることで生じている。そのため，ネットワークを構想した時点でそのビジネスモデルをネットワーク内に内包しているといえる。その点でも，官主導で創設された協同組合や融合化法時代のネットワークでは，それ自体の利益を目的に行われるものでなく，あくまで構成員の販売条件を有利にするための活動となっている点で異なる。

　さらに池田（2020）では，中小企業が自らの目的遂行のために中小企業自身が主宰者となり，2社以上の中小企業で自発的に集まったネットワークのことを「自発的ネットワーク」と定義し，他の連携組織と区分している（表2-1）。これは，メンバー間で上下関係のないフラットな組織を想定しており，協同組合のほか，下請関係やフランチャイズなどは含まない。そして，中小企業に経営学や経営論の視点を導入するときに，こうした自発的ネットワークを一つの疑似企業体として捉えることを提案している。

　連携のマネジメントに注目した研究としては，Hoang and Rothaermel（2016）がある。連携による事業がうまくいかない理由として，ビジネスに最適な連携先を見つけることが容易ではないことや，成功に対する過剰な期待などを指摘している。連携先についてのマネジメントは，選定，交渉，実行，撤退，ポートフォリオ管理という5つのステップを軸に検討すべきことを挙げ，企業間で目的の擦り合わせを十分に行って相互理解を深めることや，メンバーの選定もしっかり行っていくことの必要性を示している。

　そして関（2009）は，連携活動の効果に着目する。連携それ自体においては，成果を実現できる事例はあまり多くないといわれているが，連携に参画す

表2-1　中小企業ネットワークの諸特徴

	主宰者・発起人	主宰者・発起人との紐帯	ネットワーク内の中小企業どうしの紐帯	ネットワークメンバーの自発性
自発的（狭義の）中小企業ネットワーク	中小企業	強い	強い	強い
異業種交流組織	中小企業	強い	強い	強い
農商工連携	中小企業	強い	強い	強い
事業協同組合	中小企業	強い	やや弱い	やや弱い
下請組織	大企業	強い	弱い	弱い
フランチャイズチェーン	大企業	強い	弱い	弱い

出所：池田（2020）

る個々の中小企業が，連携を通じてこれまで体験したことのない様々な経験を積み，それを事業活動に活かすことができれば，それも連携の大きな成果として高く評価すべきと主張している。

（3）連携体による輸出

　これまでの企業の連携による輸出への取組みとしては，組合を通した輸出活動が主にみられる。古くは，1925年の輸出組合法を契機に，昭和の初めにかけて相次いで設立された輸出組合の存在がある。そこでは主に価格や数量，取引条件等に関する協定を定めて組合員に遵守を求めたほか，苦情や紛争処理などを行う役回りを担い，その後の輸出の伸長を促進した。しかし，尾形（1935）が指摘するように，常に協定をかき乱すアウトサイダーの存在が脅威となり，安定的に実効性が保たれていたわけではなかった。

　やがて高度成長期を経て，輸出の相当の比重を占めるようになっていた繊維製品や雑貨品の国際競争力が減退してくると，その挽回策として国により指向されたのは，特定産地を記す地域商標を活用したブランド化戦略であった（伊藤, 1969）。その活動主体として想定されたのが，中小企業団体としての組合であった。そうした経緯を背景に，中小企業の連携体による輸出に関する先行

研究は，組合による輸出への取組みを捉えたものが多い。

　大森（2015）は，陶磁器産業における戦前から戦後の勃興の様子，さらには高度経済成長期を経て衰退の過程に入っていくさまについて，愛知県瀬戸地区における組織化の動きを通して分析している。戦後の陶磁器業は，高級品のみならず，低中級品も含めて国際競争力を高めていったが，その背景には，組合が技術開発の促進活動や市場情報の調査を担ったり，あるいは国からの資金援助の仲介役となったりといった要因があったと指摘している。しかし，高度経済成長期以降においては，日本からの技術移転によって台湾などの途上国が競争力を高める一方で，日本のメーカーはデザインをバイヤー任せにするなどの主体性の乏しさによって商品開発能力を持たなかったため，再び国際競争力を失っていった。そこで，同業者組合は産地製品の高級化やブランド化を推し進めることで差別化を図ろうとした。しかし，その活動は失敗に終わり，産地の衰退が進んでいったとしている。大森（2015）では，そもそも同業者組織は一定の品質を持つ製品の量産化の基盤を整備して貿易摩擦を回避するといった輸出環境を整える上で重要な役割を果たしたが，高級化やブランド化はこうした従来の活動の延長線上では対応できないものであり，製品の差別化やオリジナリティの形成が難しかったと評価している。

　神原（2018）は，事業者の海外展開支援を目的として創設された「JAPANブランド育成支援事業」について，大阪の「泉州こだわりタオル」における活用事例を調査している。事業自体は大阪タオル工業組合が主導して取り組んだが，支援事業に参加したのは組合加盟企業の約2割にとどまり，なおかつ，活動期間の3年間のうちに，参加企業間に温度差が出てきたという。各社の個別の取組みが産地全体の繁栄につながるとの考えから，必要以上に事業者をまとめるようなことはしなかったことの結果として，取組みに積極的な企業がみられる一方で，小規模な企業においては販路開拓に苦労する面などもみられた。

（4）先行研究を受けた分析の枠組み

　輸出のマネジメントに関する先行研究が指摘するように，現地での競争環境

が激化するなか，中小企業が輸出で利益を上げることは簡単ではなく，販売先の確保や現地市場のニーズを適切に把握することなどが課題として挙げられていた。あるいは高付加価値の製品を投入していくことも求められたり，さらには，地方ほど輸出にかかるコストが高く，直接輸出を行いにくかったりするとの指摘もみられた。

　また連携体の構築に関する先行研究では，理論的整理のもとで，中小企業が限られた経営資源を活用するための手段として有効であることが明らかとなっている。それとともに，連携の形態が時代と共に変化していることもわかった。特に，新たなネットワークとしての自発的ネットワークが多くみられるようになっており，経営資源の不足を補い合いながら，質的にも量的にも高い水準の事業に取り組むようになっている。

　連携体による輸出については，同業者や産地における組合を通した輸出に関する研究がみられたが，いずれの研究においても，享受できる恩恵について企業間で格差がみられるということであった。輸出事業に参加する企業の思惑がまちまちであることや，事業を先導する強力なリーダーシップの不在ということなどがその原因として考えられよう。

(5) リサーチ・クエスチョン

　本章では，池田（2020）で定義された中小企業の自発的ネットワークに基づいて構築された連携体（以下，自発的連携体）による輸出への取組みに着目する。冒頭でも述べたように，ここ数年で連携体による輸出に取り組む動きが多くみられるようになっている。政府の「JAPANブランド育成支援事業[(2)]」や

---

(2) 2004年に創設された，海外展開を目指す中小企業を支援する補助金制度。事業概要は「中小企業の新たな海外販路の開拓につなげるため，複数の中小企業が連携し，自らの持つ素材や技術等の強みを踏まえた戦略の策定支援を行うとともに，それに基づいて行う商品の開発や海外展示会の出展等の取組に対する支援を実施する」（中小企業庁ホームページより）。

「チーム化モデル事業⁽³⁾」など，複数の企業で国内外へ市場を拡大させる取組みを支援する制度がみられるようになっていることなども，その証左である。

　以上をふまえ，リサーチ・クエスチョンは，「自発的連携体を構築することによって，輸出事業にどのような効果をもたらすのか」と設定する。輸出という事業のどの部分に対して，自発的連携体の持つ特性がどのように効いているのだろうか。また，自発的連携体による輸出を成功させるためには，どういったマネジメント上の工夫が求められるのか，という点についても調査していく。

3. 事例調査

　自発的連携体による輸出に取り組み，一定の成果を収めている3つの企業群に対するインタビュー調査を行った。調査の概要は表2-2の通りである。なお，いずれの連携体においても，連携体そのものの名称は特にないが，構成企業間で統一的なブランド名を製品に冠していることから，本章では，便宜的にブランド名を連携体の名称とする。

(1) 事例1：KISHU+

① 連携の概要と輸出の経緯

　「KISHU+」は，和歌山県海南市を中心に生産されている紀州漆器の産地で誕生した自発的連携体である。紀州漆器は，福島県の会津漆器，石川県の山中漆器・輪島漆器などと共に日本四大漆器と称されている。構成企業は4社で，各社が製造工程の一部を担当する垂直統合による連携体となっている。構築の経緯は，蒔絵の工程を担当する有限会社橋本漆芸の社長が，縮小する国内市場だけを相手にしていては将来的に厳しくなることを想定し，海外で通用する製品づくりを目指したことに起因する。紀州漆器は樹脂製品への塗りなども手が

---

(3) 2018年度に創設された復興庁による被災地企業の支援制度。水産加工業者等の販路開拓や人材育成に関する先進的な取組みを公募する。異業種，同業種を問わず，チームで応募することを要件としている。

表2-2　インタビュー調査概要

連携体名称	構成企業数	事業内容	インタビュー先
KISHU+	4社	紀州漆器 （照明，インテリア 小物等）	㈱島安汎工芸製作所　島圭祐氏 　　　　　　　　　　　島梓氏 ㈲橋本漆芸　大橋善弘氏
ARIAKE	2社	家具	レグナテック㈱代表取締役　樺島雄大氏
IKIJI	3社	アパレル	精巧㈱代表取締役　近江誠氏 　　　　　　　　　近江祥子氏

出所：筆者作成

けることから，中国製の100円均一ショップ製品との差別化ができず，産地の
イメージが低下していた。そうしたイメージを覆すような高品質の製品づくり
を企図した。そのため，各工程を担う企業の中から，一定の条件に合致する企
業を連携先として選び出した。一定の条件とは，経営が健全であり，かつ後継
者が決まっているということである。生地の製造を担当する株式会社島安汎工
芸製作所，塗りや仕上げ工程を担当する中西工芸株式会社と株式会社山家漆器
店が選定され，連携体が構築された。各企業はそれぞれ以前から取引関係があ
り，顔なじみの企業同士であった。

② 輸出事業の詳細

　まず製品企画について，外部のデザイナーを招へいすることとした。自分た
ちで手がけると，真新しいものが生まれにくいと考えたためである。案の定，
業界の常識にとらわれないデザインが提案された。しかし，そのデザインの実
現には苦労した。例えば，網目状の模様であれば，漆器としてデザインを効果
的に見せるために，形状を凹状にするのが一般的だが，見た目のインパクトを
重視するため凸状のデザインとすることを強く指示された。どうやれば美しく
みせることができるか試行錯誤した。それでも，デザイナーの指示を100％受
け入れて，具現化していったのである。

　そうして完成した製品を，パリで開催された世界最大級のインテリアの展示
会（メゾン・エ・オブジェ）に出展したところ，その斬新なデザインが現地で

一定の評価を受けた。しかし，受注にはあまり結びつかなった。そのため，最終日の夜に現地で反省会を開催し，その要因を検討した。出た意見として，食器やステーショナリーなど9つのアイテムを出展したため，結局，何を取り扱う業者なのかが正しく認識されなかったためではないかというものがあった。あるいは，来年も同じラインナップで根気よく続けるべきという意見も出るなど，議論は白熱した。しかしその場で調整を行い，最も現地での評価の高かった照明器具に絞って出品していくことを決断した。

③ 取組みの効果

　フランスでは，インテリアに対する価値観が日本とは異なる。モノに対する思い入れが特に強く，ドアノブ一つでも代々受け継いでいる，というような話もある。照明器具に費やす金額も日本より相対的に高く，価値あるものに対する評価を適正に行ってくれる面がある。そうして高価格帯の製品への支持が広まることで，紀州漆器に対するブランドイメージが高まり，結果，「海外で評価されている産地」として，日本国内での評価も高まるという効果がみられる。当初に企図した産地のイメージの改善について，イメージを逆輸入する形で実現することができたといえる。

④ 連携の意義

　構成企業の中には，高度経済成長期の頃，個社で輸出を行っていた企業もある。当時は，売れる商品を安く作るだけで，付加価値をつけた自発的な商品開発を行っておらず，中長期的な目線に欠けるなど，とても戦略的に進めていたとは言い難いものであった。

　また，そもそも漆器の生産が分業制であるため，最終製品を手がける企業でない限り，製品価値というものに対する意識が高まりにくい面があるし，個社で輸出を実現することも難しい。そのため，連携体を通して輸出に直接的に携わるようになることで，どのように製品に対して付加価値を高めていけばよいかということを考えるようになり，そのために個々の企業がなすべきことをと

らえるように意識が変わっていった。

　また，外部のデザイナーのデザインに基づく製品づくりを経験したことにより，業界における固定観念が取り払われ，チャレンジ精神を身に付けることができるようになったり，連携仲間の企業に対しても，既存の枠にとらわれない提案ができるようになったりした。こうした外部との関わりも，分業体制という閉じた中にあっては，なかなか経験できなかったことだと感じている。

　資金面についても，複数の企業がまとまることで補助金を受けやすくなるという利点がある。メゾン・エ・オブジェのブース料は非常に高く，1社で拠出するのは大変である。外部のデザイナーに委託する場合も，資金制約が大きければ，その依頼は単発で終わらざるを得ない。そこで補助金を利用する場合，複数社であれば社数分の金額を乗じた支給が受けられる。また，受給していた「伝統的工芸品産業支援補助金」は3年間の継続的な計画に基づき補助金を得られるため，長期で戦略的な計画が立てやすかった[4]。

(2) 事例2：ARIAKE

① 連携の概要と輸出の経緯

　「ARIAKE」は，家具の産地である佐賀県佐賀市諸富町にある家具メーカー2社が立ち上げた連携体である。名称は諸富町が有明海に面していることに由来するが，加盟企業の新たな幕開けも象徴している。2社とは，家具全般の製造を手がけるレグナテック株式会社と，椅子を専門に手がける有限会社平田椅子製作所である。

　輸出事業への取組みの経緯は，国内の家具市場の縮小による産地の窮状が背景にあった。中国を中心とした輸入製品の割合も上昇する一方で，国内製品の輸出数量は少ないままであった。レグナテックの樺島社長は，品質面で優れているという自負もあったため，自社が創業50周年を迎えるにあたり，本格的

---

(4) 当該補助金は単独事業者でも適用の対象になるが，補助金対象計画のうち「振興計画」や「連携活性化計画」は産地組合や複数の事業者の連携体を対象とするなど，連携体を対象にした制度が多い。また，計画期間も3〜8年間と長期に定められている。

に海外市場に挑戦していきたいと考え，諸富家具振興協同組合の役員仲間である平田椅子製作所に声をかけたことが，連携体構築のきっかけである。

② 輸出事業の詳細

　県による産地支援の補助金も得られることとなったため，2014年に，シンガポールで開催されたアジア最大規模の家具の展示会に出展した。しかし，何の戦略もなく，ただ日本国内で製造したものを出展していたためか，商談が結実することはなかった。翌年も同じようなスタンスで出展したが，英語のホームページを開設していないことに対して商談相手に苦言を呈されるなど，やはり手ごたえは良くなかった。さすがにこのままでは成果が出ないと考え，隣のブースで出展していた，現地では少し名の通っていた若手デザイナーに連絡をとりデザインの協力を依頼してみた。彼は日本の製品に対するデザインに強く関心を持っていたため，二つ返事を得ることができた。すると彼は，知り合いの若手デザイナー 6 名にも声をかけて，共に来日した。彼らは10日間程度滞在し，その間に佐賀の風景を見たりイベントに参加したりすることでイメージを膨らませ，当社とともにデザインの方向性について協議を重ねた。そうしてできたデザインの家具を 3 年目の展示会で出展したところ，現地での反応はこれまでと大きく異なるものとなった。「日本ならではの美を感じるとともに，ライフスタイルにマッチする」と高い評価を得られ，次々と受注に結び付いたのである。

　製品づくりに当たって，海外デザイナーからの要望は簡単ではなかった。自社工場の設備では加工の限界があると説明しても，どうしても譲れない部分は何とかしてほしいと要請され，職人たちが知恵を絞り合った。また，海外では室内でも靴を履いていることから，国内仕様に比べて高さを10〜15ミリメートル程度高くする必要があるという指摘も，海外のデザイナーだからこそである。

　構成企業 2 社の役割分担は，レグナテックが輸出事務全般を手がけるべく，海外事業部を立ちあげている。商社を介さない直接輸出を行っていることか

ら，海外顧客やデザイナーとの折衝には英語での対応が必要になる。そのため，樺島社長の長男がフィリピンへ語学留学に行ったり，中国人やスリランカ人，メキシコ人などの採用を進めたりしていった。一方，平田椅子製作所は基本的に輸出事務は手がけず，製品づくりに専念している。

　輸出事業に関する協議は，月に1回の会議を行い，情報共有を行ったり新製品の方針について議論したりしている。お互い旧知の仲であるからこそ，言いたいこと，伝えたいことを遠慮なく話し合い，お互いを高め合っている。

　なお輸出事業は年々売り上げを増やしており，現在は世界15か国に輸出を行うまでになっている。コロナ禍でも売り上げを落とすことはなかった。また，大規模な展示会へ出展したことにより，ホテルチェーンから内装一式のコーディネートの委託を受けているような有力なバイヤーより，家具一式を受注することなどもできた。

③ 取組みの効果

　デザイナーから求められる高い技術に対応するため，設備の一部を新しくした。5軸のマシニングセンタも導入し，滑らかな曲線なども機械加工で表現できるようになった。そうした設備は国内向けの製品の製造にも使用しており，質の高い製品を効率よく生産できる体制づくりが全社的に進められる契機となった。

④ 連携の意義

　海外の様々なデザイナーと協働することによって斬新なデザインの製品を生み出すことができ，海外から高く評価されるに至ったが，そうしたデザイナーとの継続的な協働については，一企業だけで取り組むには難しかった面がある。主には予算面であり，県からは有田焼に並ぶ地場産業と位置付けられている諸富家具の振興という名目で，連携体の構築を前提とした輸出事業の補助金

を付けてもらっている⁽⁵⁾。その効果は非常に大きい。

　また，構成企業の2社がまったく違う製品を手がけていたということも，事業が成功した一つの要因と考えている。それぞれが自社では製造できないものなので，完全に信頼して任せることができている。

(3) 事例3：IKIJI

① 連携の概要と輸出の経緯

　「IKIJI」は，東京都墨田区で誕生したアパレルブランドである。カットソーを得意とする精巧株式会社，布帛シャツを手がけるウィンスロップ株式会社，革小物を手がける株式会社二宮五郎商店の3社で構成される。ブランド発起人である精巧の代表は，かねてよりファクトリーブランドを構築したいと考えていたが，1社だけでは品ぞろえ的に難しく，コートやニットなど，トータルでコーディネートできるようなアイテムが必要だと考えた。そこで，それぞれに高い技術を持つ専業メーカーに声をかけて生まれたのが，IKIJIである。

　「江戸の粋・職人の心意気」をコンセプトとした製品づくりを行い，現在では，日本のものづくりを世界に発信していくことを目的とし，欧米や中国，台湾など9か国への輸出実績がある。

② 輸出事業の詳細

　2015年1月に，イタリアで行われる世界最大規模のメンズファッション展示会「PITTI IMMAGINE UOMO」に出展した。世界中から約1,200のブランドが出展する展示会であり，事前審査に合格して出展することができた。関係者いわく，ブランドコンセプトがしっかりしていたことが評価されたとのことである。

　現地での反応も悪くはなかった。コンセプトがしっかり製品に反映されてお

---

(5) ARIAKEが使用した補助金とは直接的には異なるが，佐賀県内の伝統的地場産品の新規性・独創性の高い商品開発や販路開拓等に要する経費の一部を助成する「さが伝統産業等創造支援事業費補助金」なども，グループで申請することを要件としている。

り，クオリティが高いとの評価を得た。しかし，受注にはほとんどつなげることはできなかった。事後的に認識したことは，現地のバイヤーはただ品質が良いだけで取引を開始することは少なく，特に海外から来たブランドの場合は，事業に対する本気度を精査している。最低でも3シーズンぐらいは連続して出展して認知度を高めないと，取引相手として信用してもらえないのである。そのため，出展を続けて3年目ぐらいから，ようやく受注をもらえるようになってきた。その間，やっている内容は変えていないにもかかわらず，である。

　各構成企業の役割分担は明確に決まっているわけではないが，国内の旗艦店舗の運営や，事業全体の資金管理については精巧が行っている。旧知の間柄のなかで，信頼関係に基づいて任せられている。

③ 取組みの効果

　IKIJIの評価が高まることによって，構成企業に対する注目度が高まるようになっている。繊維関連産業については，日本国内ではどちらかというと衰退産業という扱いであるが，海外では成長産業として位置づけられているという大きな違いがある。その中で，良いものに対しては価値を認めて正しく評価するという文化が海外にはある。IKIJIとしての活動で注目度が高まり技術的な評価を確立した上で，そのIKIJIを構成している企業ということで，個別にOEMについての打診を得るなどの展開がみられるようになっている。

　またIKIJIの活動を通して海外をみるようになったことで，ものづくりに対する考え方が大きく変わってきた面がある。海外のアパレル関係の生産に携わる人々は，一様にクリエイティブさを重視する傾向がある。日本では，最終メーカーに指示された内容通りに加工することが求められるが，例えばイタリアでは，自分たちで独自の企画を施し，提案していくというやり方が主流である。そうした発想の違いを一つ一つ解釈して，自分たちのものづくりに取り入れるようになっている。今までは眼の前の加工への対応で精一杯であったが，5年後，10年後を見据えた経営を行えるように変わってきている。

④ 連携の意義

　連携体を組んで総合的なものづくりを手がけられるようになったことで，きちんとしたコンセプトを構築することができ，それによって海外市場から信頼と評価を集めることができたと当グループでは考えている。それは決して個社ではなしえなかったとの自己評価である。良いものだけをつくっていれば評価されるわけではなく，企業，組織，そしてブランドとしてどこを目指していて，どのような役に立つのか，というところを海外の顧客はみている。そして各構成企業ともそれをよく理解しているので，コンセプトがぶれることのないように，積極的にお互いにコミュニケーションをとって調整を怠らないように心がけるようになっている。何か新しいことをやりたいという熱意だけでもうまくいかず，連携による企業間のけん制機能がうまく働く必要がある。

　また，海外の展示会への出展は継続することでようやく受注に結びつくものであることから，長期にわたって継続的なコストがかかってくる。それも，個社単独で負担し続けるには簡単ではなく，連携することによる分担，および補助金の獲得などの効果が非常に大きい。

　なお，数年前に地元の工業組合が主導で，やはり同じくイタリアの「PITTI IMAGINE UOMO」に出展したことがある。産業の支援振興として東京都からも補助金を受給した。しかし，組合による活動の場合は，ブランドを売りこんでいく，というよりは，産地の紹介程度にとどまっていた。参加企業が取り扱っている製品やブランドに統一感はなく，技術力も一定ではなかった。連れて行ってくれるならばやる，といった受け身のスタンスの企業も多かったため，結局，事業として長続きはしなかった。

4. ディスカッション

(1) 精神的な障壁の引き下げ

　本節では，連携体を構築することによる輸出事業への取組みのメリットについて考察していく。なお，3つの事例，および，かつての連携体の代表格であ

表2-3　事例の区分（統合内容別）

統合度合い

		弱	強
統合方向	垂直	—	KISHU+
	水平	（組合）	ARIAKE IKIJI

出所：筆者作成

る組合について，構成企業間の統合の方向や統合度合いについては表2-3の通りとなっている。

　中小企業の輸出事業の課題として先行研究で挙げられていたポイントは，販売先の確保や現地市場ニーズの適切な把握，あるいは高付加価値の製品の投入などである。さらには，地方ほど輸出にかかるコストが高く，直接輸出を行いにくいとの指摘や，規模が大きくなるほど収益が獲得しやすいといった指摘もみられていた。

　まず，連携体構築によって得られる輸出事業へのメリットを総合的に述べるとすれば，輸出への種々の精神的なハードルを大きく引き下げられるという点であろう。輸出事業は，例えば海外直接投資に比べてかかるコストも低く，海外市場の取り込み方としては比較的取り組みやすいとされており[6]，個社でも十分に対応できるものである。それでも，輸出に取り組んでいる中小企業は，まだそれほど多くはない。事例企業の多くも，創業から長い間，国内市場から出ることはなかった。その背景は様々だが，人手の問題等により国内市場を手がけることで精一杯であったり，そもそも自らが海外市場を相手にするという発想すらなかったりというケースがみられる。しかし，国内市場の閉そく感が

---

(6)　丹下（2016）では，輸出を行っている企業の約半数は，500万円未満の費用で輸出を開始しているとしている。一方，藤井（2013）によると，海外直接投資企業が海外での事業開始前にかかった費用は，平均値で2億1,692万円，中央値で1億円となっている。

これ以上ないくらいに高まってきている中で自社の付加価値額を維持・伸長させていくためには，成長する海外市場の需要を取り込むことに目を向けざるを得なくなっている。そうした中で，同じような境遇に置かれている，ある種の仲間内同士で協力すれば，何とか前に進めるのではないかという心境に至っての輸出への取組みがみられる。もちろん，当初のきっかけは，個社では不足する部分を補い合うための連携の模索であったが，連携先の選定においては，勝手知ったる仲間を選択することで，精神的な障壁を下げようとしていることが窺われる。

(2) 輸出事業の課題への対応

　以下，先行研究にみられた中小企業の輸出事業の課題に対して，自発的連携体がどのように各々の障壁を引き下げているかを考察する。

① 販売先の確保やニーズの把握

　海外でビジネスをしようとする際，多くの企業が選択する手法が，展示会への出展である。特に，丹下（2013）によれば，欧米のバイヤーの多くは展示会を通して仕入先を探す傾向がみられることがわかっており，輸出事業を成功させるためには展示会の出展が有効である。バイヤーの立場としては，できるだけ広範な種類の仕入れを一か所でまとめて行える方が効率が良いため，品ぞろえの豊富な仕入先を選好する。そのため，連携によって品ぞろえを拡充することが，事業として成立する可能性が高くなるのである。例えばARIAKEでは，ホテルチェーンから内装一式のコーディネートを受託しているバイヤーに対して家具一式を提案することができたため，法人向けのコントラクト事業を獲得することができたという。

　次に，現地ニーズの的確な把握とその対応という課題に関しては，連携体企業間での協議が有効に機能することが指摘できる。例えばKISHU+では，現地での反省会で出展品目の絞り込みの必要性をメンバーが提議し，異論もあったものの，その場で議論を収束させ，最も強みが発揮できる照明器具に生産品

目を絞るという結論を導いた。その結果，インテリアに高い価値を見出す欧州市場の支持を得ることができ，販売を伸ばすことに成功している。いわゆるPDCAサイクルを素早く回せるようになっているのである。個社での取組みを考えた場合，事業の方針を多方面から検討し，相談できる相手が社内に存在すれば良いが，そうでない場合は経営者の独断にならざるをえず，客観的な判断は簡単ではない。

　また，画期的なコンテンツを生み出す可能性のある外部のデザイナーや支援者等と連携する契機ともなりやすい。例えばARIAKEでは，海外で活躍する複数の外国人若手デザイナーを起用することで，斬新なデザインの製品づくりに成功している。こうした外部との連携によって，同じく輸出事業の課題として先行研究で挙げられていた「高付加価値の製品づくり」という点に対しても，対応していくことが可能になるであろう。

② コスト負担について

　輸出にかかる固定的な費用負担に関しても，連携によって各構成企業が費用を分担して拠出できるほか，補助金の活用によって個々の企業にかかる負担は軽くなる。海外の大規模な展示会に出展するためには1回あたりで数百万円という費用が必要である。なおかつ，1回限りの出展ではなく，継続的に出展することが海外企業との取引にこぎつけるポイントとなっている（丹下，2020）。継続することにより，現地バイヤーに対する知名度が上がるとともに，現地バイヤーも，海外からの出展者の「本気度を精査している」（IKIJIへのインタビューより）という。本当に安定的に取引できるかどうかを見極めているのである。継続的な出展によってはじめて信頼を獲得し，取引に至ることができる。それらにかかる費用はすなわち固定費であるが，それを個社で負担することは，簡単ではない。

　例えば「JAPANブランド育成支援等事業費補助金」の場合，1社のみだと500万円が上限であるが，複数社であれば，その社数分だけ金額を乗じた金額の支給を受けることができるため，固定費負担に対する補助金の果たす役割は

大きくなる[7]。

　外部との連携は，もちろん資金的に蓄積があれば個社でも対応可能である。しかし，市場全体が縮小傾向にある伝統産業や日用品産業などで，輸出事業に活路を見出そうとする産業においては，余裕のある企業はそう多くない。そのため，連携による補助金獲得の意義は非常に大きい。

(3) 個社への還元

　連携体によって取り組んだ輸出事業が，個々の企業の経営にも大きく影響を与えることが確認できる。ここでは2点指摘したい。

　1点は，最終製品を手がけていない企業でも連携体を通して輸出事業に参加することができ，それによって経験の幅が広がるということである。特に，連携の統合が垂直方向にある場合にみられる。垂直分業体制における中間メーカーは，通常の国内業務では，指定された規格通りに加工を行うことに注力している。そこでは取引先との関係を重視こそすれ，最終製品のユーザーの存在を強く意識することは少ない。それが，輸出事業に参加することで最終製品に触れる機会が増えたり，現地でユーザーからの評価を直接聞いたりすることによって，最終製品をどう変えていけばよいか，そしてそのためには自社が手がける加工にどのような工夫を施せばいいか，といった変革への意識が芽生えるようになる。すなわち，ものづくりに対する主体性の発現が認められる。

　2点目は，個社への発注の増加である。連携体の事業に注目が集まり，製品やサービスへの信頼が高まると，必然的に構成企業の信用度も高まる。例えばIKIJIでは，ブランドとして品質の良さが認められると各構成企業に対してOEMの打診が舞い込むようになった。そしてこうした事象が発生しやすいのは，顔の見える外交を行っている場合だということが指摘できる。例えば組合を通した輸出事業であれば，産地や製品に対する認知は高まることはあっても，個々の構成企業にまで注目が集まることは少ない。自発的連携体では，構

---

(7) 同補助金の場合，上限は最大2,000万円と定められている。

成企業が主体的に動いている。そのため，連携体の背後にある個社の役割や技術にまで注目が集まりやすいのである。

(4) 連携体による輸出の課題

　複数の企業で一つの事業に取り組むに当たっては，課題も多い。ここでは2点を指摘したい。

　1点目は，意思決定についてである。参加企業が増えるほど，各々の企業の思惑が異なる場面も増えてくる。そしてそれが事業の根幹を成す判断である場合ほど，調整は難しくなる。だからといって，構成企業のいずれかが一方的に判断を下すと，連携体による事業はうまくいかない。連携体組織においては，基本的には構成企業の立場は対等であるからである。誰かが指図して誰かがそれに従う，という構図は成り立ちにくい。

　そうした場合に求められるのが，調整役となる企業である。木村（2011）で指摘していたところの「ブリッジ」機能を担うリーダー役企業の存在である。輸出という未知の事業への取組みにおいては，各企業の思惑にぶれが生じやすい。そのため，各企業の意見を聞きまわって，一定の方向へ意見を集約させることができる企業の存在が欠かせない。

　2点目は，構成企業間の役割分担である。特に輸出の場合，通関業務などの事務の煩雑性に加えて，日本語以外による交渉事にも対応しなければならないなど，一定の能力を有する人材が必要となる。事務を円滑に遂行するためには，優秀な人材の確保などのコストが発生する。例えば，個々の企業すべてがそうした人材を雇い入れて体制を整えることは，事業全体としてみた場合に効率的ではない。事例では，特定の企業が自身の役回りを認識して通関業務から対外交渉までを手掛け，その他の企業は製品づくりに注力しているケースや，輸出事業にかかる事務を分担しているケースなどがみられた。いずれにも共通しているのは，決して他人任せではなく，個々の企業すべてが責任感を持って輸出事業に参画しているということである。

　港（2005）は，企業間連携が成功するためには，全体目標の達成を促すた

めのガバナンスが効いている必要があると述べている。自発的連携体の事例では
いずれも当初から信頼関係が強く，いずれかの企業が機会主義的行動に出る
可能性が著しく低いということが，一定の成果を獲得し得ている要因であろう。

5. おわりに

　本章では，自発的連携体による輸出事業に求められるマネジメント，および
その効果と課題について，事例研究を通した考察を行った。かつての組合によ
る輸出は，各社の戦略や思い入れの度合いが様々であるためうまくいかないこ
とが指摘されていた。一方の自発的連携体では，各構成企業が自主的に輸出事
業に取り組み，各々の知識や意見をうまく融合させることで，個社では不足す
る各経営資源を補い合い，さらには新たな付加価値を生み出すことに成功して
いることがわかった。複数の企業が参加することによる意見の相違等の難しさ
もあるが，いずれの企業からも信用される調整役がうまく立ち回ったり，役割
分担をはっきりさせたりすることにより，意見を集約させ，輸出事業を円滑に
進めることができるのである。

　繰り返すが，個社でも十分に輸出に取り組むことはできる。しかし，例えば
業界を取り巻く環境が厳しかったり，最終製品を手がけないため輸出には向か
ない企業だったりという場合においても，自発的連携体を構築したり，そこに
参加したりすることによって，新たな需要を取り込み，事業展開を多様化させ
ることができるのである。困難な環境にあっても，より多くの中小企業が輸出
事業へ参画し，付加価値の拡大を達成できるようになることが望まれる。

〔付記〕本章は，足立裕介（2023）「自発的ネットワークに基づく連携体により輸出
　　　を活発化させる中小企業」『中小企業季報』2022，No.2-4合併号，pp.1-15を
　　　もとに，加筆・修正したものである。

〈参考文献〉

足立裕介・楠本敏博（2017）「中小企業における輸出継続の要因」日本政策金融公庫
　　総合研究所『日本政策金融公庫論集』（37），pp.29-49.

藤井茂（1980）『輸出中小企業』千倉書房.

藤井辰紀（2013）「中小企業における海外直接投資の現状と効果」日本政策金融公庫
　　総合研究所編『中小企業を変える海外展開』同友館，pp.75-132.

池田潔（2006）「中小企業ネットワークの進化と課題」日本中小企業学会編『新連携
　　時代の中小企業』同友館.

池田潔（2020）「中小企業研究の分析視点に関する新たな考察」大阪商業大学比較地
　　域研究所『地域と社会』（23），pp.31-58.

伊藤敬一（1969）「特定輸出商品の「統一ブランド」の創設について」財経詳報社
　　『財経詳報』（782），pp.16-18.

伊藤匡・齊藤有希子（2019）「間接輸出の観点からみた地域経済における中小製造業
　　の役割」日本政策金融公庫総合研究所『日本政策金融公庫論集』（45），pp.59-
　　75.

岩佐真実（2013）「輸出による中小企業の海外展開」兵庫県立大学大学院経営研究科
　　『商大ビジネスレビュー』2（2），pp.1-13.

神原理（2018）「JAPANブランド「泉州こだわりタオル」の現状と課題」専修大学
　　社会科学研究所『社会科学研究月報』（661），pp.76-93.

木村元子（2011）「中小企業ネットワークの理論的可能性と地域産業におけるブリッ
　　ジ機能」明治大学政治経済研究所『政經論叢』79（5），pp.881-911.

港徹雄（2005）「知的連携のガバナンス・メカニズム」日本政策金融公庫総合研究所
　　『中小企業総合研究』（2），pp.20-35.

尾形繁之（1935）「輸出組合の統制事業について」日本経営学会『經營學論集』9巻，
　　pp.47-82.

大森一宏（2015）『近現代日本の地場産業と組織化』日本経済評論社.

関智宏（2009）「連携を通じた中小企業の自律化—アドック神戸10年間の歩みから」
　　阪南大学『阪南論集　社会科学編』44（2），pp.25-43.

丹下英明（2013）「消費財中小企業の海外市場開拓—欧州流通業者のニーズと中小企
　　業のマーケティング戦略」日本政策金融公庫総合研究所『日本政策金融公庫論
　　集』（21），pp.27-47.

丹下英明（2015）「中小企業の海外展開に関する研究の現状と課題：アジアに展開す
　　る日本の中小製造業を中心に」埼玉大学経済学会『経済科学論究』（12），pp.25-

39.

丹下英明（2016）「輸出に取り組む中小企業の現状と課題」日本政策金融公庫総合研究所『日本政策金融公庫論集』(33)，pp.1-16.

丹下英明（2020）「中小企業の海外企業開拓とその実現要因―テキスタイル産業を中心に」日本経営診断学会『日本経営診断学会全国大会予稿集』第53回，pp.29-32.

Chesbrough, H.W. (2003) *Open Innovation: The New Imperative for Creating and Profiting from Technology*, Harvard Business Press, Boston, MA.

Hoang, H. & Rothaermel, F.T. (2016) "How to manage alliances strategically" *MIT Sloan Management Review*, 58(1), pp.1-8.

足立裕介

第3章

海外企業との国際提携マネジメント

1. 背景と問題意識

　本章の目的は、海外展開する中小企業について、未だ理論的枠組みが確立されていない海外企業との国際提携におけるマネジメントの規則性を探索することである。

　輸出や直接投資などによって，海外展開を目指す中小企業が増加している（丹下，2016）。そうしたなか、中小企業研究では、海外に展開する際に，海外企業をどのように活用し、関係を構築していくかが重要なテーマとなっている。しかしながら、中小企業が海外企業との関係をどのように構築し、マネジメントすればよいのかといった点については、実業界から強いニーズがあるにもかかわらず，十分には明らかにされていない。

　そこで本章では，中小企業が国際提携においてどのように海外企業との関係をマネジメントしているのか，事例研究を通じて探索的に明らかにする。

　なお，国際提携について，高（2014）は，定義が諸説存在することを指摘したうえで，国際提携を「合弁事業やM&Aのような資本関係をもつ提携と，技術提携や生産・販売・調達などの業務提携，共同研究開発のような資本関係にない提携」と定義している。本章においても，高（2014）における国際提携の定義を採用することで，国際提携を幅広くとらえるものとする。

2. 先行研究

(1) 国際提携の動機，目的，メリット・デメリット

　国際提携に関する研究は，大企業を主な分析対象とする国際経営研究や多国籍企業研究において，進展してきた。今西（2011）は，国際戦略提携に関す

る先行研究をレビューし，①国際戦略提携の動機，②国際戦略提携の目的，③国際提携のメリットとデメリットについて，まとめている。以下，今西（2011）をもとに，それぞれについてみてみよう。

① 国際戦略提携の動機

　国際戦略提携を選択する動機は，どのようなものなのだろうか。Dinh（2007）は，提携を形成する動機を経済的要因，技術的要因，政治的要因の3つに分類している。

　経済的要因とは，自社のコア事業活動に集中する一方で，合理化によるコスト削減や規模の経済性，範囲の経済を追求する動機である。パートナーと組み，協調的行動をとることによってコスト分担とリスク分散を行い，ネットワーク構築にかかる時間をも節約するのである。

　技術的要因とは，技術の高度化に起因する動機である。研究開発コストの上昇，技術変化の方向の不確実性，技術の複雑性の増大が組織を提携に向かわせる。

　政治的要因とは，市場の自由化と規制緩和による取引活動の拡大を追求する動機である。地域市場統合や地域貿易ブロックの形成は，企業の地理的な活動範囲を拡大させており，国際提携を促す要因となる。

② 国際戦略提携の目的

Gomes-Casseres（1993）は，戦略提携の目的を3つに分類する。それは，サプライ・アライアンス，ラーニング・アライアンス，ポジショニング・アライアンスである。

　サプライ・アライアンスは，パートナーと組むことにより，自らに欠如するリソースを，その相手から確保ないし補填しようとするものである。ラーニング・アライアンスとは，共同研究開発の実施など，パートナーとの協働作業を通じて相互学習することである。そして，ポジショニング・アライアンスとは，パートナーと組むことにより，相手が勢力を持つ市場や事業セグメントに

参入することである。

③ 国際提携のメリット，デメリット，限界

　国際提携のメリットとして，新たな価値創造につながることが指摘されている。Doz and Hamel（1998）は，戦略提携の究極の目的は提携による価値創造を行うことであり，その価値創造は3つの活動を通じて実現すると論じた。3つの活動とは，コ・オプション（co-option），コ・スペシャライゼーション（co-specialization），学習と内部化である。

　コ・オプションとは，パートナーとして競合企業もしくは潜在的競合企業や，補完的な製品やサービスの提供者と組むことである。コ・スペシャライゼーションとは，もともと別々の経営資源，ポジション，スキル，知識を結合させることによって，相乗的な価値を生み出すことである。学習と内部化とは，パートナーからスキルを習得する，あるいは新たな技能や知識を獲得することである。これら3つの活動を通じることによって，企業は，戦略提携による価値を創造する。

　国際提携におけるメリットの存在を踏まえて，近年は，国際提携の意義を強調した研究がみられる。高（2014）は，国際提携が，「その分業体制を構築するための信頼関係を形成し，双方の競争優位の持つ資源を理解するステップとして，重要な役割を果たす」ことを明らかにしている。

　一方で，国際提携には，デメリットも指摘されている。浅川（2003）は，デメリットとして，次の点を指摘する。自社技術を公開し提供せざるを得ない，コアとなる技術に関する戦略的統制が独自の判断で利かなくなる，提携相手と市場が重複する可能性がある，意思決定が統一されない可能性がある，利益も共有せざるを得ないなどである。

　以上を踏まえて，今西（2011）は，国際提携について，「戦略提携はメリットとデメリットを持つ。そして，経営環境の変化に応じて，各企業の提携目的，提携がもたらすメリットやデメリットは変化する。常に双方の態度をみながら提携関係は見直す必要がある。ここに提携関係のマネジメントの重要性が

唱えられる所以がある」と結論づけている。

(2) 海外企業との国際提携マネジメントのプロセス

次に，海外企業との国際提携マネジメントのプロセスについてみてみよう。
浅川（2003）は，「戦略提携を考える場合，戦略の策定から実施に至る様々な
過程を検討する必要がある」としたうえで，戦略提携の形成過程を，①戦略策
定，②パートナー探し，③締結交渉，④スタートアップ時，⑤オペレーション
段階，⑥調整段階，の6つに分類している。

そして，各過程で重要な点として，表3-1に示した点をあげる。浅川（2003）
が示した戦略提携における6つの形成過程と重要な点は，国際提携をマネジメ
ントするうえでは，各段階において，重要となる点がそれぞれ異なることを示
している。

(3) 中小企業の国際提携に関する先行研究

次に，中小企業の国際提携に関する先行研究をみてみよう。中小企業の国際
化に関して，海外企業との国際提携に着目した先行研究は少ない。そうしたな
か，丹下（2012）は，中小企業が国際提携を選択する要因について，9社の事
例研究から，探索的に示している。その要因は，①自社の経営資源の状況，②
海外展開のノウハウの有無，③製品のタイプ，④進出先国の規制・状況，⑤自
社技術の製品ライフサイクル上の位置づけ，の5点である。中小企業は，前述
5点について考慮したうえで，様々な海外展開形態のなかから，国際提携戦略
を選択している。また，国際提携戦略を，単なる投資負担軽減やリスク回避の
手段としてだけなく，むしろ積極的に活用している状況を明らかにしている。

一方で，丹下（2012）では，国際提携には，技術流出の問題など，留意す
べき点も多いとしている。だが，そうした点を考慮しても，経営資源に乏しい
中小企業にとって，国際提携戦略は，有効な海外展開戦略の一つであると結論
づけている。

表3-1　戦略提携の過程と各過程において重要な点

戦略提携の過程	重要な点
①戦略策定	協調の論理を明確に規定する
②パートナー探し	目的と能力のマッチング
③締結交渉	双方の役割を明確に規定し，分担し，ガバナンスの構造を設計すること
④スタートアップ時	適切な投資と，パートナー間における信頼関係の醸成
⑤オペレーション段階	双方がお互いに貢献しあい，また相手の能力を吸収すること
⑥調整段階	環境の変化を迅速かつ正確に察知し，必要に応じて再交渉する　必要に応じて提携の解消に踏み切ることも選択肢のひとつ

出所：浅川（2003）pp.229-230を基に筆者作成

（4）先行研究の意義と課題

　以上，先行研究のレビューを行った。大企業を主な研究対象とする国際経営研究からは，国際提携の動機や目的などが明らかになった。また，国際提携のマネジメントプロセスは，①戦略策定，②パートナー探し，③締結交渉，④スタートアップ時，⑤オペレーション段階，⑥調整段階の6つの段階からなることが示されている。中小企業の国際提携に関する先行研究からは，中小企業が国際提携を選択する要因や課題などが明らかにされている。

　一方で，先行研究では，中小企業が国際提携をどのようにマネジメントしているのか，特に，海外パートナーをどのように選び，また海外パートナーとの関係をどのように構築しているのかといったマネジメント手法については，十分には明らかにされていない。特に，浅川（2003）が示した国際提携のマネジメントの各プロセスにおいて，中小企業が具体的にどのように取り組んでいるのかを明らかにする必要がある。

　経営資源に乏しい中小企業では，国際提携のマネジメントが大企業と異なることが想定される。海外展開する中小企業が増加する中，中小企業の国際提携におけるマネジメントの特性を明らかにすることが必要と考える。

3. 事例研究

(1) 研究概要

　ここからは，海外企業との国際提携マネジメントに焦点を当てて，中小企業の事例研究を行う。具体的には，中小企業が海外パートナーとの関係をどのようにマネジメントしているのかに焦点を当てて分析する。

　事例研究については，次の手順で行った。まず，国際提携を行う中小企業の事例を集めるため，公的機関から発行されている中小企業の海外展開事例集を探索した。その結果，研究対象として，日本政策金融公庫総合研究所（2012）と，日本商工会議所・東京商工会議所（2019）に掲載された事例が適切と判断した。両報告書の事例を採用した理由は，いずれも海外企業との国際提携マネジメントに関する記述が多くみられたためである。

　次に，両報告書に掲載されている事例企業28社の記述内容を精査し，海外企業と国際提携を実施していると判断できなかった8社と，中小企業に該当しない2社の計10社を研究対象から除外した。その結果，研究対象となる事例は，18社となった。事例企業の概要は，表3-2の通りである。

(2) 研究手法と分析枠組み

　研究手法については，佐藤（2008）に示された「事例―コード・マトリックスを用いた質的データ分析」を採用した。事例―コード・マトリックスとは，「事例を横軸，コードを縦軸にして文書セグメントを位置付ける」手法である。事例―コード・マトリックスについて，佐藤（2008）は，「質的研究が陥りがちな，事例の特殊性にとらわれて一般的なパターンを見失ってしまう傾向や少数の事例にもとづく過度の一般化という傾向を避ける上でも有効な手だてとなる」と指摘する。本章では，佐藤（2008）を踏まえて，事例―コード・マトリックスを用いて，海外企業との国際提携マネジメントに関する概念モデルの構築を目指す。

　具体的な作業は，次のように行った。①掲載されている事例の整理，②事例

表3-2　事例企業の概要

No.	会社名	資本金	従業員数	事業内容	国際提携の概要（年）
1	A社	4,000万円	150名	粉粒体処理装置の製造・販売及びトータル・エンジニアリング	技術供与：韓国（1997年），米国（1981年），オランダ（1983年），インド（1982年）
2	B社	5,000万円	70名	水道用ろ過砂の製造・販売　上記に伴う機器の設計～施工	代理店契約：韓国（－），台湾（－），ドイツ（－）
3	C社	5,250万円	225名	各種備蓄タンク・水槽の製造，保守サービス	・技術供与：マレーシア（1998年），タイ（1999年），中国（2005年）・合弁：中国（2011年）
4	D社	1,000万円	22名	空気清浄活性器等の製造販売	技術供与：台湾（1995年）
5	E社	5,000万円	130名	工業用表面処理加工，高精度ロール類の製造・研削，工業用表面処理のエンジニアリング	技術供与：イギリス（1989年），アメリカ（1995年），インドネシア（1995年），ブラジル（1999年），韓国（2006年），中国（2008年）
6	F社	3億1,370万円	153名	強力吸引作業車，高圧洗浄車，環境整備機器の製造販売	技術供与：中国（2010年）
7	G社	1億円	67名	インキ製造，調色システムの製造販売	・合弁：香港（－）・委託生産：中国（2003年，2005年）
8	H社	8,000万円	20名	3次元ブロー成形技術を用いた，自動車部品等の製造販売	技術供与：スウェーデン（1986年），ドイツ（1995年），韓国（1990年）
9	I社	8,000万円※	70名	超精密金型開発・設計・製作及びプレス加工	技術供与：アメリカ（1994年），シンガポール（1997年）
10	J社	8,000万円	200名	モータープロテクター製造	合弁：中国（1998年）
11	K社	1,100万円※	260名※	台所用洗剤・住居用クリーナー類・衣料用洗剤・柔軟剤の製造販売	・委託生産：中国（－）・販売：中国（－），ベトナム（－）
12	N社	3,200万円※	－	レインウエア・関連商品の企画・生産・販売	委託生産：台湾（1980年代），中国（不詳）
13	O社	4,500万円※	112名※	線ばね，板ばね，一般プレス品，全せん断プレス品等の製造	合弁：中国（1992年），インド（準備中）
14	P社	2,000万円※	－	めっき装置等の製造販売	合弁：フィリピン（2002年）
15	Q社	1億円※	－	加工紙製造	合弁：タイ（2012年）
16	S社	1,900万円※	134名※	工業用ウエスの製造・販売，古着輸出	・輸出：マレーシア（－）・合弁：マレーシア（－）
17	T社	－	－	菓子製造販売	輸出：韓国（－）
18	U社	9,000万円※	1,600名※（グループ計）	描画材料・筆記具・事務用品の製造・販売	代理店契約：アメリカ（1960年）

（注）1. 資本金および従業員数については，出所元掲載のものを転記。出所元に記載のないもの（※のあるもの）については，ホームページなどにより筆者作成。
　　　2. T社については，資本金，従業員数とも出所元およびホームページに掲載されていなかったが，2013年に経済産業省「がんばる中小企業・小規模事業者300社」に選定されていることから，中小企業と判断した。
　　　3. 資本金，従業員数および国際提携の概要（年）について，「－」は不詳を示している。
出所：日本政策金融公庫総合研究所（2012），日本商工会議所・東京商工会議所（2019）などにより筆者作成

の文字テキストデータに対して適切な小見出しをつける「コーディング」の実施，③コーディングされたコードと事例を対応させた事例―コード・マトリックスの作成，④概念モデルの構築である。

　分析枠組みとしては，浅川（2003）が示した戦略提携の形成過程を採用する。すなわち，①戦略策定，②パートナー探し，③締結交渉，④スタートアップ時，⑤オペレーション段階，⑥調整段階の各段階に分けて，事例のテキストデータを分析し，コーディングを行い，分類を行った。

4. 考察

　ここからは，事例研究の結果を考察する。事例研究より，中小企業による海外企業との国際提携マネジメントのポイントを抽出すると，表3-3の通りである。以下，国際提携の各過程について，事例を紹介しながら，そのポイントを確認する。

（1）戦略策定

　国際提携の第1段階である戦略策定に関して事例企業を分析すると，海外パートナーの選定基準を明確化している企業が多い。事例企業18社のうち，11社が，「海外パートナー選定基準の明確化」を行っていた（表3-4）。

　では，事例企業が策定した「海外パートナーの選定基準」とは，具体的にどのようなものだろうか。その傾向をみると，海外パートナーの選定基準としては，①海外パートナー企業の体質（7社），②海外パートナー企業の経営陣（5社），③海外パートナー企業の国籍（4社）の順に多くみられた。以下，それぞれについてみていこう。

① 海外パートナー企業の体質

　海外パートナー企業の体質について，事例企業は，海外パートナー企業の離職率や，保有する能力，将来的な競合となりうるかどうかといった点を選定基

表3-3　中小企業による海外企業との国際提携マネジメントのポイント

戦略提携の過程	事例から抽出されたポイント
①戦略策定	・海外パートナーの選定基準を明確化する
②パートナー探し	・海外パートナーからのアプローチが最も多い ・様々なパートナー探索手法を併用している企業も多い
③締結交渉	・Win-Winの関係を目指す ・役割分担を明確にする ・お互いを理解する ・技術流出を防止する
④スタートアップ時	・海外パートナーをサポートする
⑤オペレーション段階	・海外パートナーを管理する ・対応体制を整備する ・海外パートナーとの関係を構築する
⑥調整段階	・提携内容を変更する ・提携を解消する

出所：筆者作成

準にしている。I社では，海外パートナーの選定基準として，相手がオーナー企業であるかどうかを重視している。それは，「相手がオーナー会社の場合，要望が明確なため判断は早いし，会社や技術に対する思い入れも強いので締結しやすい」ためであるとしている。

② 海外パートナー企業の経営陣

経営陣については，海外パートナー企業のトップをはじめとする経営陣が，信頼できる人物であるかなどを選定基準にしている事例企業がみられた。A社では，「技術供与する際には，相手のトップとナンバー2の人物を評価する」としており，その際の評価基準として，「トップにオーナー意識があり責任感があるかどうか」などをあげている。

③ 海外パートナー企業の国籍

国籍について，事例企業は，海外パートナー企業の国籍を選定基準にしている。D社の経営者は，「台湾との合弁会社に，30代後半で副総経理として赴任

表3-4　事例企業にみる「海外パートナー選定基準の明確化」

企業名	選定基準	コメント
A社	・経営陣 ・企業体質	見極めるポイントとしては，トップにオーナー意識があり責任感があるかどうか，会社そのものを売りにしない人であるか，社員の雇用状況はどうか（離職者が少ないか）である。
B社	・企業体質 ・経営陣 ・国籍	・当社は水処理の会社なので，代理店にエンジニアリング能力があるかどうかは重視している。あとは，両者のトップ同士が意気投合すれば上手くいく。 ・コピーを一番恐れており，分解して模倣品を作る可能性が高い中国への進出は当面考えていない。
C社	・経営陣	誰かを頼って人任せにするのではなく，一人で海外に出かけ，通訳だのみではなく，自らパートナーと接することが大事である。一緒にご飯を食べ，友人になることだ。
D社	・経営陣 ・国籍	台湾人なら会えばどのような人物かはわかるので，信頼して提携した。
E社	・経営陣 ・企業体質	・技術供与の相手が，大手企業だからよいという考えではなく，相手をよく見極めて，信頼できるパートナーにのみ供与する。技術供与契約を締結するまでに何回か互いに行き来をして，信頼できる相手かどうかを見極めることが重要である。 ・競合する同業他社へのライセンスは慎重に検討している。
I社	・国籍 ・企業体質	・技術流出等を考えると信頼できる相手を選ぶことが重要である。米国やシンガポールは法令遵守に厳しいので，パートナーとしては良い相手である。 ・相手がオーナー会社の場合，要望が明確なため判断は早いし，会社や技術に対する思い入れも強いので締結しやすい。
J社	・企業体質	・資金と人があり，技術が無いという今の合弁相手と巡り合えた。相手の会社は技術を持たないために，将来の競合相手にはならないだろうと考え，合弁パートナーに選んだ。 ・逆に相手にものづくりの強みがなければ我々に優位な条件で契約でき，自由にビジネスモデルが組めるので，合弁相手には敢えてものづくりが得意ではなく，お客さんもおらず，当社とは特に接点がない企業を選んだ。
K社	・国籍 ・企業体質	・海外の工場を選定する際は，原材料の入手しやすさや運送費を抑制できる場所かどうかなどを重視し，国を絞ってした。 ・提携を決める条件は，品質に信頼のおける先かどうかです。
O社	・自社の能力	法律関係の手続きなど全てを自力でやるのは非常に困難なため，独資ではなく合弁の相手先を探そうということになりました。
Q社	・規制	当時は日系企業だけでの企業設立ができず，業種によっても細かな決まりがあったため，現地企業も含め，3社により合弁。
U社	・企業体質	販売口銭だけのエージェントでは上手くいかないというのが実感です。

出所：日本政策金融公庫総合研究所（2012），日本商工会議所・東京商工会議所（2019）より筆者作成

し，3年間台湾にいた」経験を持つ。そのため，「台湾人なら会えばどのような人物かはわかるので，信頼して提携した。また，そもそも台湾は日本語が通じるし，親日感が強く，100％信頼できる」としており，海外パートナー企業の国籍が重要な選定基準となっている。

　このように，国際提携の第1段階である戦略策定に関しては，海外パートナーの企業体質や経営陣，国籍など，海外パートナーを選定する基準を明確化しておくことが重要なポイントであるといえる。

(2) パートナー探し

　国際提携の第2段階であるパートナー探しに関して，事例企業を分析すると，事例企業18社中15社において，関連する記述が確認できた。それらを分類すると，様々なパターンが観察された（表3-5）。観察されたパターンをまとめると，「海外パートナーからのアプローチ」「第三者の紹介」「こちらから声をかける」「過去のつながり」「展示会」の5つであった。

　これら探索方法のなかで，最も多いのが「海外パートナーからのアプローチ」であり，事例企業18社のうち，12社で観察された。以下，多い順にみると，「第三者の紹介」（6社），「こちらから声をかける」（3社），「過去のつながり」（3社），「展示会」（2社）となっている。

　パートナーの探索方法として，「海外パートナーからのアプローチ」が最も多いのは，なぜだろうか。その要因として，事例企業の多くが，差別化された製品や生産技術を有することが指摘できる。例えば，E社は，工業用クロムめっきの技術を海外パートナーに技術供与している。工業用クロムめっきの技術は，1943年に特許を取得したものであり，耐久性を高めるために，自動車車体のプレス金型や，鉄の圧延ロールに利用される。海外パートナーは，E社が持つ特許技術を利用するとともに，その生産ノウハウを得るために，E社に対して技術供与を申し入れている。「基本的には先方からの働きかけを待つというスタンスで，海外の大手企業が直接コンタクトをとってくる」としている。

　なお，興味深いのは，様々なパートナー探索手法を併用している企業が8社

表3-5　事例企業にみる「パートナー探しのパターン」

企業名	パターン	コメント
A社	展示会	パートナー企業との出会いの場は，海外の展示会や学会，企業セミナー，懇親会など様々である。
	海外パートナーからのアプローチ	・米国企業への技術供与（1981年）は，先代社長の時代に，相手先企業からの要望で技術供与を始めた。 ・インド：紅茶の会社が多分野に事業を展開しており，子会社を設立して化学機械にも参入してきた。その子会社に対して，相手先からの要望で技術供与している。
B社	展示会	海外の代理店との契約締結の流れは，国内外での展示会の出展を見てもらい，興味があれば秘密保持契約を結び，日本に来て工場を視察してもらう。工場見学をした後，当社の技術に納得してもらい，お互いが合意すれば代理店契約を結ぶ。
C社	第三者の紹介	中国は商社の仲介で，江蘇省の富仁にあるガソリンスタンドの建設を手がけるXA社へSF二重殻タンクの技術供与を行うこととなった。
	海外パートナーからのアプローチ	中国での合弁事業については，合弁相手である河北省の企業からの要請を受けたものである。この企業はタンクメーカーではなく異業種であったが，タンクを作ろうと意欲的であり，調査・検討した結果，合弁事業に踏み切った。
	過去のつながり	タイのバンコク郊外に，アフリカなどに向けた特殊タンクの製造販売を手がけている建設会社があり，たまたま当社の社員がこの建設会社の息子の知り合いであった。
D社	海外パートナーからのアプローチ	1995年に台湾の会社から技術提携の申し入れを受けた。
E社	第三者の紹介	日本の大手自動車メーカーが英国の産業革命発祥の地といわれるニューキャッスルに進出し，操業に必要なクロムめっき技術の導入を地元イギリスのV社に依頼した。そこで，V社は当社からの技術供与を受け自動車ボディプレス金型のクロムめっきを開始した。
	海外パートナーからのアプローチ	基本的には先方からの働きかけを待つというスタンスで，海外の大手企業が直接コンタクトをとってくる。
F社	海外パートナーからのアプローチ	中国から技術提携の申し入れがあったのは2010年5月のことである。技術供与を行ったW公司という会社は，重慶市に拠点を置く，自動車・バイク部品，流量計などを作るX工業の子会社で，浄水車や給水車，軍用輸送車などを作る特殊車両メーカーである。
G社	第三者の紹介	自社工場設立は非常に難航した。したがって，販売網の繋ぎとして一時的に委託生産を考えることとし，北京の代理店に委託先を紹介してもらった。
	海外パートナーからのアプローチ	1990年代，納品を迅速に行うため，中国に共同で工場を設立してほしいと代理店から要望があった。代理店の知り合いを1社加え，1989年に3社で香港に工場を設立した。

企業名	パターン	コメント
H社	第三者の紹介	帰国の飛行機はスウェーデン経由であり，偶然隣の席に座ったスウェーデン大使館の書記官に，「どんな仕事をしているのか」と聞かれた。そこで出張の目的を話したところ，「そのような素晴らしい技術であれば，スウェーデンの会社を紹介しよう」とY社を紹介してくれた。
	海外パートナーからのアプローチ	ドイツ：偶然にも，我々がY社の工場訪問をした帰りで，スウェーデン郊外の飛行場から帰国の途に着くところであったが，その社長は飛行場へ飛んできた。
I社	海外パートナーからのアプローチ	1997年，シンガポールのプレス加工企業に光ピックアップの製造技術を供与した。当社の品質プレゼンを見て技術供与を申し入れてきた。
K社	第三者の紹介	今度は自社製品を輸出できないかと考え取引銀行に相談したところ，中国にある駐在員事務所から，大連の貿易商社が興味を持っていると紹介してもらいました。
	海外パートナーからのアプローチ	わが社の製品をたまたま見たというベトナムの卸業者から直接電話があり，話が進みました。
N社	第三者の紹介	中国各地に生産工場や協力企業のネットワークが広がっていますが，紹介してもらった所もある。
	海外パートナーからのアプローチ	台湾の企業からアプローチを受けて取引が始まり，生産を依頼していました。
	こちらから声をかける	商品を見てこちらから話しかけたりして見つけた所も結構あります。
O社	こちらから声をかける	インターネットがありますから，営業メンバーでインドのばねメーカーをまずは探し出し，その中から従業員200人以下の会社をピックアップ。候補を絞り込みました。その上で信用調査会社に依頼して経営状況などの情報を取り寄せたり，インドに出ているお客さまより現地情報をいただいたりと，とにかく情報を掘り起こしました。その後，5社にEメールでコンタクトを取ったところ，4社から「会いたい」という返事が来たんです。
P社	過去のつながり	取引先の海外進出時に現地の協力企業と会社を立ち上げた。
S社	海外パートナーからのアプローチ	ホームページをリニューアルして，英語のページを見て問い合わせできるようにしています。フェイスブックから連絡が来ることもありますね。
	こちらから声をかける	昔は現地に行って，電話帳を開いて連絡し，商談して注文を取ってきていました。
	過去のつながり	・責任者は40数年前，若い頃に2年ほどわが社に見習いに来ていたシンガポール人なんです。 ・何より信頼できるパートナーだったということが大事。
T社	海外パートナーからのアプローチ	香港のバイヤーから当社のボーロを粉ミルクの代用として輸入したいと打診され，すぐに商談が成立しました。

出所：表3-4に同じ

と多い点である。S社は，昔は現地に行って，電話帳を開いて連絡し，販売パートナーを探したが，現在は，ホームページをリニューアルして，英語のページを見て問い合わせできるようにしている。フェイスブックから連絡が来ることもあるという。また，10年ほど前に合弁設立したマレーシア工場について，海外パートナーは40数年前，若い頃に2年ほどS社に見習いに来ていたシンガポール人だという。このようにS社では，海外パートナーに対して，現地でこちらから声をかけたり，ホームページを整備して，海外パートナーからのアプローチを待ったりしている。さらには，合弁工場設立の際には，以前見習いに来ていたシンガポール人をパートナーにするなど，過去のつながりを活用している。

　以上，みたように，パートナーの探索方法は，多様である。そうしたなかで，最も多いのが「海外パートナーからのアプローチ」であった。

　また，1つの企業でも様々な探索方法を併用していることがわかる。海外パートナーを探すためには，海外パートナーからアプローチされるような技術力やビジネスモデルを構築するとともに，様々な探索方法を併用し，みずからも探索することが有効と考える。

(3) 締結交渉

　国際提携の第3段階である締結交渉に関して，事例企業を分析すると，4つの取組みが観察された。それらを多い順に並べると，①「お互いを理解する」(8社)，②「技術流出防止に取り組む」(7社)，③「Win-Winの関係を目指す」(6社)，④「役割分担を明確にする」(5社) である。以下，それぞれについてみていこう。

① お互いを理解する

　これに関しては，締結交渉において，海外パートナーと何度も面談し，トップの人柄を見極めたり，率直に話し合い，自社を理解してもらうことで信頼関係を構築したりするなどの取組みがみられた (表3-6)。

表3-6　事例企業にみる「お互いを理解する」

企業名	コメント
C社	誰かを頼って人任せにするのではなく，一人で海外に出かけ，通訳だのみではなく，自らパートナーと接することが大事である。一緒にご飯を食べ，友人になることだ。
	マレーシアもタイも，中国も，当社は必ず社長自ら出向いて，自分の目で確認している。すばやく行動する現場力が必要だ。
D社	特に，海外企業との技術提携においては，書面だけの確認は絶対に避けるべきで，必ず相手の人間性をみなければならない。
E社	技術供与契約を締結するまでに何回か互いに行き来をして，信頼できる相手かどうかを見極めることが重要である。
	供与の決断には相手のトップの人物評価も必要であり，率直な話ができる相手かどうか見極めるべきである。
	相手が将来的にマーケティングをどのように考えているのか，経営ビジョンも話し合いで明確にしておく必要がある。
	こちらも最初から誠意を持って言いたいことは言うし，相手が考えていることが我々の想定外なこともあるので，率直な話し合いをしている。
H社	技術ライセンス契約については，交渉の過程で先方の会社や人物などを見極めることができる。だからこそ，M&Aで経営環境が変化した際にはライセンス契約は解消する旨を明記しておく必要がある。また，経営者の代替わりにも注意した方がよい。
	1984年にテクニカル・ノウハウ・アシスタント・アグリーメントを取り交わした。ノウハウを教えるので，営業秘密は守ってほしい，という趣旨の2〜3枚程度のものである。それから工場見学に来ていただき，約1年かけて当社の技術のユニークさを評価してもらい，1986年に正式にY社と技術ライセンス契約を締結した。
I社	当社の技術供与が成功した理由は，契約に至るまで現地に何度も赴き相手を見極めたからである。例えば，シンガポールの場合，契約までに1年半から2年ほど費やした。
K社	納得するまで何度も現地を訪問し，自分の目で確認し，担当者と会って話をして，信頼に足る人物だと判断した上で取引を始めました。
O社	早速，私と専務と中国の経験を持つ営業部長，ジェトロ海外支援コンサルタントの4人でインドを訪れ，実際に会って話をし，相手企業を決めました。
	「言いたいことは駄目元でもはっきりと言う」ということが重要だと感じています。
S社	二度目に訪れた時には，しっかりと窓を閉めて一生懸命掃除していたんです。その姿勢に，「これなら一緒に仕事をやっていける」と感じ，合弁会社を設立する決意をしました。

出所：表3-4に同じ

E社は,「技術供与契約を締結するまでに何回か互いに行き来をして,信頼できる相手かどうかを見極めることが重要である」「供与の決断には相手のトップの人物評価も必要であり,率直な話ができる相手かどうか見極めるべきである」「相手が将来的にマーケティングをどのように考えているのか,経営ビジョンも話し合いで明確にしておく必要がある」「こちらも最初から誠意を持って言いたいことは言うし,相手が考えていることが我々の想定外なこともあるので,率直な話し合いをしている」としている。

E社の事例が示すように,締結交渉においては,お互いを理解することがまず重要といえるだろう。

② 技術流出防止に取り組む

事例企業は,自社の技術が流出しないよう,技術流出防止に向けた内容を契約に盛り込んだり,コア部品は自社で生産し,供給したりといった技術流出防止に取り組んでいる(表3-7)。

G社では,生産委託する会社とは秘密保持契約を交わしたうえで,技術供与している。また,中国では品質的に生産が難しい原料を日本から生産委託先に送っていたが,その際には,相手に原料がわからないように原料名を変えて送るなど,ブラックボックス化したという。

③ Win-Winの関係を目指す

事例企業は,提携先の育成を支援したりすることで,海外パートナーとWin-Winの関係を目指している(表3-8)。D社では,海外パートナーが販売する台湾市場では,製品が信用されるまで3年くらいかかるといった事情を考慮して,最初の3年間は技術指導料のみを海外パートナーから徴収する契約にしている。そして,4年目からロイヤリティを徴収する契約にすることで,海外パートナーを支援している。

表3-7　事例企業にみる「技術流出防止に取り組む」

企業名	コメント
A社	供与先には特殊材料や高機能パーツを当社から購入するよう義務づけている。
B社	今後，外観を含むパッケージは海外の現地で生産するとしても，コア製品であるスパイラルは日本で製造する。
D社	放電電極の部品を当社から購入して台湾で完成品を製造するという契約内容にした。
F社	性能にかかわる心臓部品であるポンプは当社から購入する。
G社	調色名人を生産委託する会社とは秘密保持契約を交わし技術供与している。
	中国産では品質的に難しい原料を日本から北京の代理店経由で委託生産先に送り，その原料の代金を徴収していた。原料を送る際，相手には原料がわからないように原料名を変えて送り，ブラックボックス化した。
I社	技術供与の前提条件として，当社と同じ設備を揃えることを要求している。金型だけ当社から購入して既に保有している機械を使っての生産はできない。
J社	契約の中で，技術と品質保持に当社が責任を持つ代わりに，技術に関する権利はすべて当社にあることを明記している。これが一番重要なポイントである。
	特殊な組み合わせを行っている素材や特殊な加工を要する部品については，直接日本から供給している。このように技術流出を阻止しつつ，資金を回収している。

出所：表3-4に同じ

④ 役割分担を明確にする

　海外パートナーと自社の役割分担を明確にしている事例企業もみられた（表3-9）。Q社では，現地のパートナー企業が会計監査会社だったため，そういった業務は海外パートナーが行うという役割分担をしている。T社では，輸出に必要な様々な書類の準備について，海外パートナーに協力してもらうことで，手続きの煩雑さが解消されたとしている。

　以上，みてきたように，国際提携の第3段階である締結交渉に関して，事例企業は，①「お互いを理解する」，②「技術流出防止に取り組む」，③「Win-Winの関係を目指す」，④「役割分担を明確にする」といった取組みを行うことで，国際提携を円滑に進めている。

表3-8　事例企業にみる「Win-Winの関係を目指す」

企業名	コメント
A社	当社としては，一時金で儲けようとは思っていない。一時金については，技術供与にかかる実質的な費用分（日本に来て訓練のためのアテンドや図面を英語に翻訳等）と考えているので，リーズブルな金額にしている。
C社	5年間経過すれば，技術は完全に供与先のものとなり，以降は供与先が自由にその技術を使って商売することができる。
C社	期間限定の技術供与を行うことで，確かにライバルメーカーを育てることになるが，先進国は縮小していても，世界的にはまだガソリンタンクの市場は成長していて，その市場を独占することはあり得ないので，適度な競争があってもよいと考えている。
D社	台湾で物を作って売る際，信頼されないと売れず，信用されるまで3年くらいかかる。こうした台湾マーケットの事情を考慮して，最初の3年間は技術指導料のみの徴収にしている。ロイヤリティは4年目から3年間徴収しており，工場原価（工場から出荷した売上高＝原価）の3％を徴収している。
D社	台湾での特許は相手企業も名前を入れてほしいと要請された。思案したが，特許を独占しても意味はないし，技術指導料をそれなりにたくさん払ってもらえたので，共同出願とした。
E社	設計，製造，組立，試運転までを一貫して請け負うフルターンキーをアピールして売り込んでおり，保証期間中に何か問題が発生すれば，すぐに駆けつける。
F社	当社を高く評価頂いたX工業の思いにも何とか応えたいとの複雑な思いがあった。悩んだ末，対象機種を限定しての技術提携契約を逆提案した。
H社	ライセンス契約にはY社からは技術者を指導目的で受け入れ，当社からも技術指導を行うことなどを盛り込んだ。

出所：表3-4に同じ

（4）スタートアップ時

　国際提携の第4段階であるスタートアップ時に関して，事例企業を分析すると，海外パートナーの生産や販売の立ち上げを支援する「サポート」を行っている企業が多い。事例企業18社のうち，10社で，サポートに関する記述が確認された（表3-10）。

　E社では，生産に関するサポートを行っている。欧米の競合企業が「設備と技術を売るだけで，その後のメンテナンスや長年にわたる操業指導が多くの場合ない」とし，そのうえでE社は，技術を売るだけではなく，設備が順調に稼働するまで，長期的にフォローを行っている。そうした点が，欧米企業とは異

表3-9　事例企業にみる「役割分担を明確にする」

企業名	コメント
A社	韓国のマーケティングは難しく，協力会社の顧問の人脈に依存して販路を拡大してきた。したがって，協力会社ではあるものの，パドルドライヤーなど2種類の製品については技術供与も行っており，下請的な協力会社というよりは，パートナーに近い関係である。
B社	スパイラルは日本から輸出販売し，その取り付けは現地で代理店が執り行う。
F社	当社が技術指導などを行い，吸引作業車や高圧洗浄車を現地で製造・販売することとなった。
Q社	現地のパートナー企業は会計監査会社でしたので，そういった業務はその企業がやるという役割分担です。
T社	輸出に必要なさまざまな書類の準備も，地元企業の協力を得ることで手続きの煩雑さが解消されました。

出所：表3-4に同じ

なるE社の強みとなっている。

　K社は，販売に関するサポートを行っている。海外パートナー企業へも定期的に足を運んで，新製品の紹介などをすると同時に，販売に関するサポートや，顧客の要望汲み取りなどに努めている。

　このように事例企業は，スタートアップ時から，海外パートナーの生産や販売の立ち上げを支援する「サポート」を行うことで，国際連携を円滑に進めている。

（5）オペレーション段階

　国際提携の第5段階であるオペレーション段階に関して，事例企業を分析すると，3つの取組みが観察された。多い順に並べると，①「海外パートナーを管理する」（7社），②「対応体制の整備」（5社），③「海外パートナーとの関係構築」（4社）である。以下，それぞれについてみていこう。

① 海外パートナーを管理する

　事例企業は，海外パートナーの品質を管理したり，ロイヤリティ算定の基礎となる販売数量を報告させたりすることで，海外パートナーをしっかりと管理

表3-10　事例企業にみる国際連携スタートアップ時の「サポート」

企業名	コメント
A社	日本に来て訓練のためのアテンドや図面を英語に翻訳等を支援した。
B社	2年間の交渉の結果，既存のろ過機に別途とりつけ可能なタイプのスパイラルの開発も行うこととした。
	試運転の際は日本からテクニカルエンジニアが出向いて立ち会う。
E社	技術指導は3年以上かけている。
	欧米の企業は設備と技術を売るだけで，その後のメンテナンスや長年にわたる操業指導が多くの場合ない。逆に当社は技術を売るだけではなく，長期的にフオローしているので，そこが当社の強みと認識している。設備が順調に稼働するまで面倒をみる。
F社	当社が供与先社員に対する技術指導を行う。2011年8月には，技術供与先から3名の技術者が2週間当社に派遣され，技術研修を行った。当社から製作図面を提供するものの，車両の組立にはノウハウが必要であり，図面だけではモノを作ることができないからである。
	先方からは「Z」のブランドで製品を売りたいとの申し出があり，中国で商標登録を行う予定である。（※当社社名が）入ることにより，日本の技術であることの証明になり，営業上メリットがあることから，先方が強く希望した。 ※筆者補記
G社	この企業には生産のための機材がなかったため，日本から機材を送り，また材料も送った。
	初期には現地の企業に技術者を派遣して，原材料の受入検査や製品の完成検査といった技術を教えていた。その過程で技術は流失するが，高品質の製品を生産してもらうためにはやむをえない。
H社	ドイツ：工場の責任者が当社の群馬工場で，2週間ほど技術研修を受けた。
	スウェーデン：ノウハウブックを作成し，装置を納品する際に技術情報として1～2冊，先方に渡している。当時は今日のようにOAツールが発達していないので，ノウハウブックには写真を貼り付けるなど手作業でつくり込んだ。
	技術供与先に対しては，製品の信頼性試験とそのレポート作成，必要と思われる技術情報，指導，助言などを積極的に行っていく。
I社	技術指導は日本で行う。先方が選抜したスタッフに金型の量産技術，生産技術，メンテナンス技術などの技術を3～4カ月間指導する。
J社	世界で当社しか作っていないコア部品であり，設備もすべて当社の専用設備なので，合弁企業の設備は100％当社から購入する必要がある。
	技術力や商品力だけではなく，当社は中国現地での販売に関する責任も持っている。当社が営業活動を行って受注をとり，現地の工場が生産し，出荷する。合弁会社は技術の供与を受け，生産効率を高めた工場機能に徹していく役回りである。
K社	輸出先へも定期的に足を運んで，新製品の紹介などをすると同時に，販売に関するサポートや，お客さまの要望汲み取りなどに努めています。
T社	何度も現地に足を運び，百貨店やスーパーマーケットで来店客に商品を直接PRしながら，バイヤーだけでなく一般消費者との信頼関係を構築していきました。

出所：表3-4に同じ

表3-11　事例企業にみる「海外パートナーの管理」

企業名	コメント
A社	韓国の協力会社の生産プロセスが予定どおりか，品質管理が徹底しているか等の確認なども現地法人が行っている。
	ロイヤリティ回収のためだけのモニタリングではなく，顧客の信頼を失わないよう品質面でのモニタリングも重要である。
C社	技術供与の契約期間中は，技術指導という名目で社長や社員が時々供与先に出向き，指定材料を使っているかどうか，手抜き生産をしていないかどうか，正しい品質管理の下で生産しているかどうかを確認している。
F社	1回きりの技術指導ではうまくいかないと思うので，定期的に技術指導に赴く必要があると考えている。
I社	1年に1〜2回は突然訪問するなどして視察もしている。
	シンガポールの技術供与先からは，毎月，製品個数と売上高の報告をメールでもらっている。
J社	バイメタルアッシーの輸出により長期的に利益を回収することが可能であり，また合弁工場での製造・販売台数も把握することができる。
K社	現地に日本からの駐在員はいませんが，私や社長が年1回は訪問して，提携工場であれば設備や管理体制など現場の様子を見るようにしています。
	製品にクレームが発生した場合は，必ず対策レポートを提出させ，改善策を講じています。
	日本への輸出時に，商品を丁寧に扱うという習慣がないせいか，外装段ボールに傷が多く見られました。そんな時は，相手が納得するまで根気強く指導し，改善させることが必要ですね。
N社	担当者は現地に行って直接話をしながら，日本に送る前の検品などのプロセスを確認するようにしています。

出所：表3-4に同じ

している（表3-11）。

　K社は，「現地に日本からの駐在員はいませんが，私や社長が年1回は訪問して，提携工場であれば設備や管理体制など現場の様子を見るようにしています」「製品にクレームが発生した場合は，必ず対策レポートを提出させ，改善策を講じています」と話す。

　I社は，「シンガポールの技術供与先からは，毎月，製品個数と売上高の報告をメールでもらっている」としている。

表3-12　事例企業にみる「対応体制の整備」

企業名	コメント
F社	2008年に中国人社員を採用した。生産現場にも頻繁に足を運び，技術も習得してもらった。今回の技術供与では通訳として大活躍してくれた。
	いずれは直接輸出を手がけていくことを想定し，主要取引銀行から当社の海外課へ人を派遣してもらい，その人物が今は当社に転籍して海外部のマネジャーとしてトップに座ってもらっている。
K社	4年ほど前に国際部を新設しました。そこに，英語ができる人材・貿易に明るい人材を選任すると同時に，別部署にいた中国人の女性などを配置し体制を整えました。
S社	海外の輸入業者からの問い合わせは，貿易部にいる専任の社員が担当していますが，彼は入社以来，貿易部一筋15年。その前も専任の者が30年担当していました。
T社	当初は私が自ら対応していましたが，徐々に社内体制を整備しました。
U社	商社から来ていただいた人に貿易本部長を務めてもらい，いろいろと教えてもらいながら人材を育てたということもありました。

出所：表3-4に同じ

② 対応体制の整備

　事例企業は，海外パートナーとやりとりするための人材を採用・育成したり，新たに部署を設けたりするなど，対応体制を整備している（表3-12）。

　F社は，中国人社員を採用している。中国人社員には，「生産現場にも頻繁に足を運び，技術も習得してもらった。今回の技術供与では通訳として大活躍してくれた」としている。

　K社では，国際部を新設している。「そこに，英語ができる人材・貿易に明るい人材を選任すると同時に，別部署にいた中国人の女性などを配置し体制を整えました」と話している。

③ 海外パートナーとの関係構築

　事例企業は，海外パートナーを管理する一方で，経営者が訪問するなどし，海外パートナーとの関係構築に努めている（表3-13）。

　I社は，海外パートナーを1年に1～2回は突然訪問するなどし，視察もしている。そして，「締結後も10年間続けられているのは毎年交流会を実施し，お

表3-13　事例企業にみる「海外パートナーとの関係構築」

企業名	コメント
F社	1回きりの技術指導ではうまくいかないと思うので，定期的に技術指導に赴く必要があると考えている。
I社	1年に1～2回は突然訪問するなどして視察もしている。
I社	締結後も10年間続けられているのは毎年交流会を実施し，お互いに情報交換をしているからである。ビジネスは人と人の繋がりなので，お互いが良好な関係を築くことが大切である。
K社	現地に日本からの駐在員はいませんが，私や社長が年1回は訪問して，提携工場であれば設備や管理体制など現場の様子を見るようにしています。
K社	日本への輸出時に，商品を丁寧に扱うという習慣がないせいか，外装段ボールに傷が多く見られました。そんな時は，相手が納得するまで根気強く指導し，改善させることが必要ですね。
T社	何度も現地に足を運び，百貨店やスーパーマーケットで来店客に商品を直接PRしながら，バイヤーだけでなく一般消費者との信頼関係を構築していきました。

出所：表3-4に同じ

互いに情報交換をしているからである。ビジネスは人と人の繋がりなので，お互いが良好な関係を築くことが大切である」としている。

T社も「何度も現地に足を運び，百貨店やスーパーマーケットで来店客に商品を直接PRしながら，バイヤーだけでなく一般消費者との信頼関係を構築していきました」と話す。

以上，みてきたように，オペレーション段階に関して，事例企業は，①「海外パートナーを管理する」，②「対応体制の整備」，③「海外パートナーとの関係構築」に取り組むことで，国際連携を円滑にしている。

(6) 調整段階

国際提携の最終段階である調整に関して，事例企業を分析すると，事例数は少ないものの，2つの取組みが観察された。それは，①「提携内容を変更する」（2社），②「提携を解消する」（2社）である。

表3-14　事例企業にみる「提携内容変更」

企業名	コメント
A社	通常，特許が切れるとライセンス契約は終わるが，この会社はロイヤリティを払い続けても当社との関係を続けていきたいということで，減額しているが現在もロイヤリティを支払ってくれている。
D社	契約は2年ごとの更新である。進出時の契約内容は，放電電極と高圧発生ユニットを日本から供給することとしていたが，今年から高圧発生ユニットを台湾で作り始めたので，契約の見直しをして，高圧発生ユニット分のロイヤリティを新たに徴収することとした。

出所：表3-4に同じ

① 提携内容を変更する

　提携内容を変更しつつ，国際連携を継続している事例企業がみられた（表3-14）。D社は，「契約は2年ごとの更新である。進出時の契約内容は，放電電極と高圧発生ユニットを日本から供給することとしていたが，今年から高圧発生ユニットを台湾で作り始めたので，契約の見直しをして，高圧発生ユニット分のロイヤリティを新たに徴収することとした」と話す。このように，環境変化に応じて，提携内容を変更することも必要と考える。

② 提携を解消する

　事例企業のなかには，提携を解消する企業もみられた（表3-15）。A社は，オランダの技術供与先との間で，A社が保有する特許が切れた後も，一定期間は関係を維持してきた。その後，技術供与先から関係解約を通告してきたため，現在はライバルとなり，ヨーロッパや韓国で競合しているという。

　G社は，「委託先が他の材料を勝手に使い，明らかに品質が低い模倣品を製造し始めた。その結果，お客さんからクレームがくる事態となり，2004年に委託生産を解消した」としている。

表3-15　事例企業にみる「提携解消」

企業名	コメント
A社	オランダ：特許切れ後，一定期間は関係を維持してきたが，その後先方から関係解約を通告してきたため，現在はライバルとなり，ヨーロッパや韓国で競合している。
G社	当初は順調であったが，やがて顧客企業のほとんどが広東省にシフトしたため，香港のインキ市場は縮小してしまった。そこで中国本土への工場の移転を検討したが，株主の意見がまとまらず香港から移転ができなかった。仕方なく香港工場を閉鎖し（2009年に清算終了），単独での中国での工場設立を決断した。
	その後，委託先が他の材料を勝手に使い，明らかに品質が低い模倣品を製造し始めた。その結果，お客さんからクレームがくる事態となり，2004年に委託生産を解消した。
	機材も材料も行方不明になってしまった。最終的には，国営から民営になり別会社になったとのことで，委託生産契約自体が無効になったと一方的に言われた。結局売掛金は回収できず，機材や材料もとられたままになり，立ち上がり時に大きな失敗をしてしまった。

出所：表3-4に同じ

5. おわりに

　本章では，日本の中小企業が国際提携において，どのように海外企業との関係をマネジメントしているのか，事例研究を通じて探索的に考察を行った。その結果，中小企業は，国際提携マネジメントプロセスの各段階において，特徴的な取組みを行っており，そのことが国際提携の実現につながっていることが明らかになった。

　まず，①戦略策定においては，海外パートナーの選定基準を明確化している企業が多い。②パートナー探しにおいては，海外パートナーからのアプローチが最も多いが，様々なパートナー探索手法を併用している企業も多くみられた。③締結交渉においては，海外パートナー企業とWin-Winの関係を目指す，役割分担を明確にする，お互いを理解する，技術流出を防止するといった取組みがみられた。④スタートアップ時には，海外パートナーをサポートする取組みを行っている。⑤オペレーション段階においては，海外パートナーを管理する一方，海外パートナーへの対応体制を整備したり，海外パートナーとの関係

を構築したりしている。⑥調整段階においては，提携内容を変更したり，提携を解消したりしている企業もみられた。

　こうしたプロセスの中で，中小企業の国際提携ならではの特徴として，以下の3点を指摘することができる。

　第一に，国際提携先を探すために，様々な手法を併用している点である。本章では，中小企業の国際提携では，海外パートナーからのアプローチがきっかけとして最も多いことを指摘した。しかしながら，相応の認知度を有する大企業と異なり，中小企業が海外企業からアプローチされるまでに認知してもらうことは容易ではない。そうしたなか，事例企業は，第三者の紹介や，こちらから声をかける，過去のつながりを活用する，展示会に出展するといった手法のなかから，いくつかを併用している。このことが結果的に，海外パートナーからのアプローチにつながった一要因と考える。

　第二に，技術流出防止に積極的に取り組んでいる。海外パートナーの多くは，日本の中小企業の技術を求めている。一方で，ニッチな分野で事業を営む中小企業においては，自社の重要技術が流出した場合，事業運営に大きな影響が及ぶ。そのため，締結交渉においては，海外パートナーと何度も面談し，信頼関係を構築しようとする一方で，自社の技術が流出しないよう，技術流出防止に向けた内容を契約に盛り込んだり，コア部品は自社で生産し，供給したりといった技術流出防止策を取り入れている。もちろん，大企業においても，技術流出を防止しようとしているが，中小企業においてはより重要といえる。

　第三に，経営者自らが海外パートナーとの関係構築に積極的に取り組んでいる。大企業においては，契約締結以降，経営者が自ら提携先を訪問することは，それほど多くはない。一方で，事例企業では，経営者が自ら訪問し，海外パートナーとの関係構築に努めている傾向がみられた。

　本章で示した中小企業による海外企業との国際提携マネジメントのポイントは，これから海外企業と国際提携を行おうと考える中小企業にとって，参考になるものと考える。

　一方で，本章には，課題も存在する。第一に，本章で示した国際提携マネジ

メントのポイントが，探索的に示されたモデルに過ぎないという点である。前述の通り，本章の分析は，既存の事例集に掲載された事例を用いて行ったため，事例に関して欠損情報が多い。そのため，すべての事例企業において，本章で示した国際提携マネジメントのポイントが当てはまるのかどうかについての検証が十分にはできていない。本章で示した国際提携マネジメントのポイントが中小企業全般に一般化できるのかについては，定量調査により検証する必要がある。

　第二に，本章で示した国際提携マネジメントのポイントが中小企業の国内における提携マネジメントとどのように異なるのかについては，踏み込んでいない。

　そして，第三に，国際提携について，さらに細分化して分析する必要がある。本章では，先行研究での定義を踏まえて，国際提携を輸出や技術供与，生産委託，合弁を含む幅広いものとしてとらえている。こうした国際提携の各形態について，それぞれ分けて分析することも必要だろう。

〔付記〕本章は，立正大学産業経営研究所の助成を受けた成果であり，藤井博義・丹下英明（2020）「日本中小企業による海外企業との国際提携マネジメント」『立正大学産業経営研究所年報』38，pp.1-18をもとに，大幅に加筆・修正したものである。

〈参考文献〉
浅川和宏（2003）『グローバル経営入門，Management text』日本経済新聞社.
高瑞紅（2014）「提携をベースにした国際分業関係の構築：工作機械における日台提携の事例」国際ビジネス研究学会『国際ビジネス研究』6（1），pp.13-31.
今西珠美（2011）「国際提携による海外ビジネス・モデルの展開―日本におけるBTMの導入」流通科学大学学術研究会『流通科学大学論集　流通・経営編』23（2），pp.109-131.
佐藤郁哉（2008）『質的データ分析法：原理・方法・実践』新曜社.
丹下英明（2012）「中小企業の海外展開と『生産拠点を持たない海外展開』戦略：技

術供与・生産委託を活用した海外進出の可能性」日本政策金融公庫総合研究所『日本政策金融公庫論集』(17), pp.21-37.

丹下英明(2016)『中小企業の国際経営:市場開拓と撤退にみる海外事業の変革』同友館.

日本商工会議所・東京商工会議所(2019)『世界を翔ける日本企業のチカラ　切り札は人材とパートナー　中小企業海外展開事例集』

日本政策金融公庫総合研究所(2012)「中小企業の『生産拠点を持たない海外展開』戦略:技術供与・生産委託を戦略的に活用して海外進出を果たした中小製造業のケーススタディ」日本政策金融公庫総合研究所『日本公庫総研レポート』Vol. no.2012-2.

Dinh, T.D.(2007)「グローバル企業の戦略的提携」安室憲一編著『新グローバル経営論』白桃書房, pp.177-194.

Doz, Yves L. and Gary Hamel. (1998) *Alliance advantage: the art of creating value through partnering*, Harvard Business School Press, Boston MA.(和田正春訳『競争優位のアライアンス戦略:スピードと価値創造のパートナーシップ:ダイヤモンド社, 2001年)

Gomes-Casseres, Benjamin. (1993) "Managing International Alliances: Conceptual Framework." Harvard Business School Cases: 1-20.

丹下英明・藤井博義

第4章

中小企業の海外M&Aマネジメント

1. 背景と問題意識

人口減少に伴う国内市場の縮小などを背景に，海外企業を買収する「海外M&A」に取り組む日本企業は，増加している。2023年の日本企業による海外企業のM&Aをみると，件数が661件，金額が約8.1兆円となっており，2010年の371件，3.9兆円からそれぞれ大きく増加していることがわかる（株式会社レコフデータ，2024）。

そうしたなか，近年は，海外M&Aを行う中小企業もみられる（中小企業庁，2022）。中小企業の海外展開は，これまで，現地に一から法人を設立する「グリーンフィールド投資」が中心であった。中小企業の海外展開手法は，多様化しはじめているのが現状である。

一方で，海外M&Aに関する研究をみると，大企業を研究対象としたものがほとんどである（松本，2021など）。海外M&Aは業績向上に寄与するとの研究もある（江木・中野，2020など）。

海外M&Aにおいては，法規制や文化，言語の違いに対処するだけでなく，海外での買収先の探索や買収先との交渉，さらには，買収後の経営統合などが必要となる。そのため，経営資源に乏しい中小企業が海外M&Aを実施するのは容易ではない。にもかかわらず，中小企業は，なぜ海外M&Aを活用するのだろうか。また，中小企業は，どのように海外M&Aをマネジメントしているのだろうか。こうした点を明らかにすることは，大企業を研究対象としてきた海外M&Aに関する研究をさらに発展させることにつながる。

しかしながら，中小企業の海外展開に関するこれまでの研究は，グリーンフィールド投資が分析の中心であった。そのため，経営資源に乏しい中小企業がなぜ海外M&Aを選択するのか，また，買収先の探索や交渉，国境を越えた

経営統合などを，中小企業がどのように行っているのかについては，わかっていない。

　以上を踏まえて，本章の目的は，中小企業の海外M&Aマネジメントを明らかにすることである。具体的には，以下の3点である。

　第一に，中小企業は，なぜグリーンフィールド投資ではなく，海外M&Aを選択するのか。第二に，中小企業は，買収先をどのように探索・決定し，交渉しているのか。また，海外企業を買収後，経営統合推進に向けた体制の構築や，従業員との信頼関係構築といった，買収先企業との経営統合プロセスをどのように行っているのか。第三に，中小企業は，既存の国内外拠点と海外M&A先との間で，相乗効果をどのように創出しようとしているのか。本章では，これらの点について，事例研究を通じて，探索的に明らかにしたい。

　なお，本章における海外M&Aとは，買収や合併など狭義のM&Aであり，資本業務提携は含まないものとする。

2. 先行研究

(1) 中小企業の海外M&A

　古屋（2015）は，インド進出において，M&Aを活用した中小企業の事例を紹介したうえで，「地場企業と組んでパートナーの有する資源を活用できれば，スピードも速く効率的なビジネスを行うことができる」とし，M&Aの活用は，中小企業がインドに進出する際の一つのモデルになるとしている。

　日本M&Aセンター海外事業部（2020）は，近年，中堅・中小企業のなかに，海外M&Aを行う先がみられ始めている点を指摘する。そして，海外M&Aのプロセスや留意点を実務面から説明している。

　以上のような研究はあるものの，中小企業の海外M&Aに関する先行研究は極めて少ない。そこで，以下では，大企業を研究対象とした海外M&Aに関する先行研究をレビューすることで，中小企業の海外M&Aに関する知見を得ることとする。

（2）海外M&Aのメリット・デメリットと選択要因

　海外M&Aがもたらすメリットとして，業績の向上が指摘されている。江木・中野（2020）は，クロスボーダー M&Aが長期的な業績成長に結び付いているかについて分析を行っている。その結果，「クロスボーダー M&Aを実施している企業の方が，非実施企業と比べ，この20年で売上高，営業利益，EBITDA（利払い前・税引き前・減価償却前利益）ともに有意に差が生じており，クロスボーダー M&Aは企業の長期業績の成長にプラスの影響があることが示唆される」としている。また，「個別企業の分析結果によれば，クロスボーダー M&A実施企業は海外売上高の成長率が高く，その結果が，営業利益の成長にも貢献している」とし，「これらの点を勘案し，クロスボーダーM&Aはたとえ短期的には業績が伸び悩むとしても，長期的には，業績の成長に向けて有効な戦略であることが示唆される」としている。

　海外M&Aは，買収企業と被買収企業との間で相乗効果（シナジー）を生み出すとの研究もみられる。高（2022）は，創業期から国内外で数々の企業を買収し，相乗効果によって世界的規模に成長を遂げた台湾企業の事例研究を行っている。その結果，相乗効果を得るためには，「被買収先の自律性を維持しながら，時間をかけて適切なタイミングと必要な度合いを見極めたうえで，統合の程度も速度もそれぞれのM&Aの位置づけや目的に応じて統合を進めることで，獲得した資源を最大限に活かしながら価値創造を実現していくことが重要である」としている。

　一方で，海外M&Aの多くは，失敗しているとの研究もある。松本（2021）では，1985年から2011年までに日本企業が実施した海外M&A案件255件について，その成否を分析している。その結果，草創期（1985年から2001年）の海外M&A案件116件のうち，51件が買収後に事業を売却，撤退または破綻するなど，半数近い買収が失敗に終わり，対象の事業と地域セグメントにおいて加速度的に利益成長を実現した成功例は9件にとどまることを明らかにしている。草創期に続く発展期（2002年から2011年）をみると，海外M&A案件139件のうち，失敗案件は28件，成功案件は17件となっている。以上を踏ま

えて，松本（2021）では，発展期の海外M&Aは草創期の買収と比べて失敗の割合が減少し，成功の数が増えているものの，依然として失敗の数が成功を上回っており，日本企業は，買収後の経営において，十分に成果を挙げているとはまだ言えない，と指摘している。

　では，海外M&Aを選択する要因は，どのようなものだろうか。高（2022）は，先行研究をレビューしたうえで，M&Aの動機は，ファイナンス，資源依存論，経営戦略とエージェンシー論の3つに分類できるとしている。ファイナンスの視点からは，M&Aは相乗効果の追及によって推進されるとする。資源依存論の視点からは，企業の規模を問わず，内部では生み出されない資源や能力にアクセスするために外部ネットワークに依存していることを示している。経営戦略とエージェンシー論の視点からは，M&Aは，大企業の経営に伴う威信，権力，給与，雇用保障に対する経営者の欲求によって推進されると考えられる。

　伊藤（2020）は，先行研究をレビューし，海外M&Aとグリーンフィールド投資の選択に影響を及ぼす要因として生産性の違いを指摘する。生産性が高い企業はグリーンフィールド投資を選択する傾向があるとし，また，生産性の高い企業が外国企業に買収されるとしている。

(3) 海外M&Aのマネジメントと直面する課題

　小久保（2014）は，日本製薬企業の事例研究を行い，クロスボーダーM&Aを行う際の検討要素を明らかにしている。第一に，戦略方針の明確化である。自社R&D投資や提携など他の手段も含めてM&Aが適切な手段であるかを判断し，M&Aを選択するためには，補完すべき資源が何かを明確化する必要がある。第二に，クロスボーダーでのM&Aを必ずしも前提とするのではなく，代替として自国内企業の買収対象の検討も十分に行う必要がある。第三に，統合後の買収企業との間の資源再配置に備えて，事前に素地づくりを行うことであるとしている。

　田村（2017）は，日本企業のクロスボーダーM&Aで最も注意すべき点と

して，「支払ったプレミアムに見合うシナジーを本当に実現できるのかということ」を指摘している。そして，「シナジー実現のためのケイパビリティや自社のプラットフォーム，人材能力についても冷静に見極めなければならない」としている。

　一方で，日本企業は海外M&Aにおいて，様々な課題に直面する。杉浦（2017）は，「日本企業のクロスボーダー M&Aに関するアンケート調査（企業編）」および「日本企業のクロスボーダー M&Aに関するアンケート調査（プロフェッショナル編）」の結果を分析し，日本企業のクロスボーダー M&AにおけるPMI（M&A成立後の経営統合プロセス）に関する実態や当事者の意識について明らかにした。そして，PMIに関与する人材が不足していることが課題であることを指摘している。

（4）小括

　ここまで先行研究のレビューを行った。大企業を研究対象とした海外M&Aに関する研究では，海外M&Aには，業績向上などのメリットがあることや，海外M&Aの選択には，生産性や戦略など，様々な要因が影響すること，海外M&Aをうまくマネジメントするためには，M&Aの戦略方針を明確化することや支払ったプレミアムに見合うシナジーを実現することが重要であることがわかった。

　一方で，こうした先行研究における示唆が中小企業の海外M&Aにおいても適用可能なのかについては，明らかではない。中小企業の海外M&Aに関する研究が少ないなか，研究を蓄積する必要があるだろう。

3. 事例研究

　本章2節（4）で示した先行研究の課題を解決するため，本節では，海外M&Aを実行した中小企業A社（資本金1億9,506万円，従業員数61名）の事

例研究を行う[1]。

　分析手法としては，単一事例研究を採用する。その理由は，事例研究がサーベイよりも深く豊富な情報を提供するためである。また，海外M&Aを実行した中小企業の事例は少なく，ユニークな事例であるため，サーベイよりも事例研究が適切な方法である（ロバートK.イン，2011）と判断し，単一事例研究を採用した[2]。

(1) 企業概要

　A社（資本金1億9,506万円，従業員数61名）は，1982年設立のマグネシウムおよびアルミニウムのダイカスト製品を製造する企業である。

　A社は，もともとはダイカスト製品の2次加工を主に手掛けていたが，2011年6月にマグネシウムダイカスト製品を製造するB社（国内企業）をM&Aにより子会社化し，日本国内での生産体制をマグネシウムダイカストの2次加工から製造まで拡大した。現在は，鋳造・トリミングから仕上げ・機械加工までの一貫生産体制を構築し，短納期・トータルコストダウンを提供している。2019年6月には，東京証券取引所TOKYO PRO Marketに株式を上場している[3]。

　A社は，日本・中国・タイ・マレーシアの4カ国に生産拠点を有する。まず，2006年5月に，各種金属製品製造販売を目的として中国・香港にC社（現連結子会社）を設立した。2011年9月には，マグネシウム成型品の製造販売を目的としてタイにD社（現連結子会社）を設立する。2011年12月には，C社が100％出資し，中国・深圳にて，中国国内向けの金属製品製造販売を目的としたE社（現連結子会社）を設立する。そして，2021年3月，マレーシアにてアルミニウム成型品の製造販売を営むF社（現連結子会社）をM&Aによっ

---

(1) A社へのインタビュー調査は，2023年7月25日にA社常務に実施した。
(2) 事例研究については，A社インタビューに加えて，A社ホームページおよび掲載の新聞・雑誌記事を参照して作成した。
(3) 2024年3月21日には，東証グロースに市場を変更している。

て子会社化している。

(2) 買収先の探索から契約締結

　前述の通り，A社では，F社をM&Aする以前の時点で，すでに中国とタイ
に生産拠点を有していたこともあって，東南アジアにもう1拠点設置したいと
考えていた。そうした中，取引のある地方銀行から，日本M&Aセンターが案
件として組成していたF社を紹介される。

　「紹介後，日本M&Aセンターから，F社の業績を見せてもらった。新型コ
ロナによる影響を受ける前の業績であったが，収益は安定しており，良い会社
だなというのが第一印象」（A社）であった。一方で，売り上げに比して，設
備が多いことや，提示された買収価格が高いことなどが懸念された。そのた
め，一度，買収話は流れる。しかしながら，A社では，その後もF社への興味
を持ち続けていた。

　翌年，再度紹介があった。その際には，F社決算は赤字となり，事業再構築
中であったため，買収価格は，3分の2になっていた。そこで，A社では，買
収を前向きに検討しようということになった。

　交渉においては，日本M&AセンターにA社側アドバイザーとして入っても
らった。F社の株式は，マレーシアの投資ファンドが保有していた。ファンド
の投資期限がすでに到来している状況であり，投資ファンド側としては，早く
株式を売却したい状況であった。また，交渉当時は，新型コロナの影響によっ
て経済が悪化しており，F社の業績はさらに悪化することが見込まれていた。
そうした点を考慮して交渉した結果，買収価格をさらに引き下げることができ
た。最終的な買収価格は，A社に負ののれんが立つディスカウント幅となっ
た。

　その後，A社は，F社と秘密保持契約を締結し，デューデリジェンスを行っ
た。税務・財務デューデリジェンスはA社監査法人に，法的デューデリジェ
ンスは，現地の日系弁護士事務所に依頼した。投資ファンドが株主として入っ
ていたこともあり，財務面など，「意外ときちんとしているな」（A社）という

印象だった。デューデリジェンスにおいては，在庫の評価など，問題点はいくつかあったものの，仮に損失が発生しても，買収価格の範囲内に収まると判断した。以上を踏まえて，2021年3月に売買契約を締結する。

　取得価額は，普通株式6億5千4百万円，アドバイザリー費用（概算額）1億1千万円の合計（概算額）7億6千4百万円であった[4]。資金については日本政策金融公庫をはじめ，日系の取引金融機関数行から8億円を調達した。M&Aの形態については，100％出資で買収した。

　F社を最終的にM&A先に決めたのは，収益について，改善計画が立てられそうと判断したためである。具体的には，①生産工程を改善すれば，もっと効率的に生産でき，ロスを減少できる，②設備が古いため，更新すれば，生産ロスを減らせる，③イスラム金融による借り入れを改善すれば，支払利息の削減が見込まれる，の3点である。

　そのほかにも，以下の点を評価して，買収を決めた。①欧米系を中心に，しっかりとした顧客を確保しているうえ，A社と顧客が重複していないこと，②同社の事業は，アルミニウムダイカストであり，A社主力のマグネシウムダイカストとは異なるため，補完性があること，③中国からのサプライチェーンの多元化，④将来的には，F社を起点に，マレーシアでマグネシウムダイカストの生産拠点拡充も視野に入れられること，の4点である。

　現地の法制度やイスラム金融などについては，自社が持っている知識だけでは対応できなかったが，専門家を活用することで，的確な情報を入手することができたと考えている。

(3) 買収先との経営統合

　M&A後の課題として，新型コロナによるロックダウンの影響から，マレーシアへの入国が難しかったことがあげられる。2021年3月に買収し，5月になってはじめて，社長のみマレーシアに入国することができた。それ以外は，

---

(4) 2021年3月26日付A社プレスリリース。

わからないことがあれば，随時，Web会議で打合せを行っていた。2021年10月によるやく日本人3名を出張させることができた。

　また，新型コロナによるロックダウンの影響で，F社従業員の多くが在宅勤務を余儀なくされていたため，期限までに同社決算を締めることができなかった。そのため，A社の2021年3月期決算の発表も9月27日まで遅れてしまった。

　F社の経営については，基本的には現地に権限を委譲している。一方で，設備投資などは，日本にりん議が必要な形にして，管理している。

　経営陣について，社長にはそのまま残ってもらった。日本への留学経験があり，日本のことがよくわかっており，日本語も多少通じることなどが要因である。経営者はその後，F社の業績を回復させており，高く評価している。一方，投資ファンドから派遣されていたCFOについては，8か月ほど引継ぎで残ってもらった後，退任となった。現在，F社には，現地採用の日本人が1名いるものの，日本本社からの駐在員はいない。

　F社の従業員に対して，日本本社では，買収後約半年経過した10月に面談を実施し，その後も毎年1回，面談を行っている。面談の対象は，マネジャー・主任クラス以上である。従業員からは，A社に買収される前は，「投資ファンドのもとにいたので，思うような活動ができなかった。買収後は，製造業の会社のもとになったので，やりやすくなった」と好意的な反応が多かったという。

　現時点では，F社のM&Aは非常に成功したと認識している。投資額が少ない一方で，F社の業績は，2022年に黒字に転換し，その後も業績は良くなっている。

4. 考察

　本節では，本章3節で示した結果を用いて，中小企業による海外M&Aのマネジメントを分析する。具体的には，①海外M&Aを選択した理由，②買収先の探索，交渉，③買収先との経営統合，④国内外事業との相乗効果創出，に分

けて考察する。

(1) 海外M&Aを選択した理由

　A社が海外M&Aを選択した理由として，以下の3点が指摘できる。

　第一に，過去の経験から，自前で海外事業を立ち上げるのは容易ではないと判断したことである。A社では，マレーシアのF社をM&Aする以前に，すでに中国とタイにおいて，自前で海外進出を2回経験している。特に，タイの現地法人D社については，生産工程において，部品形状がうまく出せなかったり，外注の塗装工程でキズが付いたりするなど，生産を軌道に乗せるまで長い期間を要した。そうした経験から，F社を買収するころ，A社は自前で海外事業を立ち上げるのは難しいとの考えを持っていた。

　第二に，様々な代替手段を検討したうえで，海外M&Aを戦略的に活用しようという意図を持っていたことである。前述の通り，自前で海外事業を立ち上げるのは容易ではないと考えた場合，海外で生産するためには，海外企業に生産を委託するという選択肢もある。だが，A社では，次の海外拠点を設置する際には，既存の企業を買収するM&Aを活用したいとの思いがあった。当時，M&A先を探していることを，取引金融機関に話をしていた状況からも，A社が戦略的にM&Aを活用しようと考えていたことがわかる。

　そして第三に，過去に日本国内でM&Aを実施し，経営統合を成功させた経験を有していたことが指摘できる。A社は，もともとはダイカスト製品の2次加工を主に手掛けていたが，2011年6月にマグネシウムダイカスト製品を製造するB社（国内企業）をM&Aにより子会社化し，日本国内での生産体制をマグネシウムダイカストの2次加工から製造まで拡大，一貫生産体制を構築することで，短納期・トータルコストダウンの提供を実現した。こうした，過去に国内でM&Aを実施し，経営統合を成功させた経験を有することも，M&Aを選択した理由の一つである。

(2) 買収先の探索，交渉・決定

　A社における買収先の探索，交渉・決定プロセスの特徴として，以下の3点が指摘できる。

　第一に，専門家の活用による不足知識の補完である。買収先の探索については，外部への情報発信を積極的に行い，結果的に取引のある地方銀行から，日本M&Aセンターが案件として組成していたF社を紹介されている。また，買収先との交渉においては，日本M&Aセンターに当社アドバイザーに入ってもらうとともに，税務・財務デューデリジェンスはA社監査法人に，法的デューデリジェンスは，現地の日系弁護士事務所に依頼している。

　第二に，経営者が積極的にM&Aに関与している。A社では，M&Aの交渉を社長と常務の2名が担う体制を構築していた。M&A方針は社長が決め，常務が実務面を担当するという役割分担であった。こうした少数によるM&A体制とした理由としては，「情報漏洩を防ぐため，少人数で対応」（A社）としている。また，社長は，買収後，率先して買収先に赴いている。新型コロナによるロックダウンの影響から，マレーシアへの入国が難しかったものの，何とか入国できるようになった際には，社長一人でマレーシアに入国し，買収先を訪問している。

　第三に，買収後の収益改善や相乗効果をあらかじめ計画することである。F社を最終的にM&A先に決めたのは，収益改善計画が立てられそうと判断したためである。具体的には，①生産工程改善，②設備更新，③イスラム金融による借り入れを改善，の3点である。

　相乗効果については，①F社は，欧米系を中心に優良な顧客を確保しているうえ，A社と顧客が重複していないこと，②F社の事業は，アルミニウムダイカストであり，A社が主力とするマグネシウムダイカストとは異なるため，補完性があること，③中国からのサプライチェーンの多元化，④将来的には，F社を起点に，マレーシアでマグネシウムダイカストの生産拠点拡充も視野に入れられること，などが挙げられる。

(3) 買収先企業との経営統合

A社では，M&A実施後，買収先企業との経営統合に取り組んでいるが，A社の経営統合プロセスにおける特徴として，以下の3点が指摘できる。

第一に，現地に権限を委譲する一方，重要案件は日本で管理している。A社では，F社の経営については，基本的には現地に権限を委譲している。一方で，設備投資などの重要案件については，日本にりん議が必要な形にして，管理している。

第二に，経営陣については，現地人材を積極的に活用している。買収先の社長については，買収前からの現地人社長に残ってもらっている。日本への留学経験があり，日本のことがよくわかっており，日本語も多少通じることなどが要因である。現地人材を活用しようとの意向は，日本本社からの日本人駐在員がいないことからもわかる。

第三に，現地従業員が働きやすい環境を整えている。F社の従業員に対して，日本本社では，買収直後に面談を実施し，その後も毎年1回，面談を行っている。また，買収後，業績が改善したことから，従業員の給与を年5%程度引き上げている。トイレを新しくしたり，従業員とのパーティーを実施したりするなど，福利厚生の充実にも力を入れている。

(4) 国内外事業との相乗効果創出

中小企業は，既存の国内外拠点と海外M&A先との間で，相乗効果をどのように創出しようとしているのか。事例企業の分析からは，以下の3点が抽出される。

第一に，営業面での相乗効果創出である。A社では，日本本社のマグネシウムダイカスト部品の顧客から，アルミニウムダイカストで安くつくりたいとの引き合いがあった場合，F社を紹介するケースもあるとしている。

第二に，生産面での相乗効果創出である。A社買収前は，投資ファンドがオーナーだったこともあり，製造業への理解が乏しかった。そのため，F社では多額の設備投資が実施しにくい状況であった。同じ製造業であるA社が買

収した後は，F社は設備更新を積極的に行えるようになった。その結果，F社の生産効率が改善し，顧客からの品質面での評価も高まった。それによって，新たな受注が入り，F社の業績が改善するという好循環になっている。

　第三に，生産拠点分散化による相乗効果創出である。A社は，F社を買収する前は，アルミニウムダイカスト部品の生産は，中国でしか行うことができなかった。中国拠点では，協力会社にアルミニウムダイカスト部品を生産してもらい，A社の中国拠点が二次加工を行う体制で，アルミニウムダイカスト部品の生産を行っていた。F社を買収することで，A社グループでは，マレーシアでもアルミニウムダイカスト部品を一貫して生産できるようになり，中国への依存度を減らすことができた。また，原材料であるアルミニウムの調達価格は国ごとに異なるため，中国，マレーシアのどちらで生産するのかを，調達価格をみながら選べるようになったのもメリットである。

　第四に，海外拠点間でのノウハウ共有による相乗効果創出である。F社とA社タイ拠点（D社），中国拠点（E社）との間では，よい取組みを他の拠点との間で共有できている。例えば，F社では，5S（整理，整頓，清掃，清潔，躾）がしっかりできている。タイD社，中国E社に対して，5Sのやり方をみせるのに活用している。また，F社にはマレーシア以外から来た外国人従業員も多く，現地の言葉を理解しない従業員に対して，新人教育を進めるために，一目見て誰がリーダーかわかるように服装を分けている。こうした取組みは，タイD社，中国E社にも展開している。

5. 結論

　本章では，①中小企業は，なぜグリーンフィールド投資ではなく，海外M&Aを選択するのか，②中小企業は，買収先探索から買収先との経営統合までのプロセスをどのように行っているのか，③中小企業は，既存の国内外拠点と海外M&A先との間で，相乗効果をどのように創出しようとしているのか，の3点について分析を行った。結論は以下の通りである。

①中小企業は，なぜグリーンフィールド投資ではなく，海外M&Aを選択するのかについて，事例企業は，過去の経験から，自前で海外事業を立ち上げるのは容易ではないと判断したこと，様々な代替手段を検討したうえで，海外M&Aを戦略的に活用しようという意図を持っていたこと，過去に日本国内でM&Aを実施し，経営統合を成功させた経験を有していたことの3点から，海外M&Aを選択している。

②中小企業は，買収先探索から買収先との経営統合までのプロセスをどのように行っているのかについて，事例企業は，買収先の探索・決定，交渉においては，専門家の活用による不足知識の補完，経営者による積極的な関与，買収後の収益改善，相乗効果を計画するといった特徴を有している。買収先企業との経営統合プロセスにおいては，現地に権限を委譲する一方，重要案件は日本で管理する，経営陣については，現地人材を積極的に活用する，現地従業員が働きやすい環境を整えるといった特徴が見いだされた。

③中小企業は，既存の国内外拠点と海外M&A先との間で，相乗効果をどのように創出しようとしているのかについては，営業面や生産面，生産拠点分散化，海外拠点間でのノウハウ共有によって，相乗効果を創出している。

最後に，以上の中から，中小企業の海外M&Aならではのマネジメントの特徴を抽出し，まとめる。

第一に，経営者が積極的に海外M&Aに関与している点である。海外M&Aに関しては，大企業でも対応できる人材の不足が指摘されている。ましてや，大企業に比べて経営資源が不足する中小企業の場合，海外M&Aに対応できる人材は，非常に少ないのが実態である。そうした状況下では，中小企業の経営者は海外M&Aを率先するとともに，積極的に関与する必要がある。

第二に，専門家の活用によって不足知識を補完している点である。これについては，大企業でも，交渉やデューデリジェンスなど，様々な場面で専門家を活用している。しかしながら，前述の通り，大企業に比べて中小企業は経営資源に劣っている。そうした状況では，大企業以上に専門家を活用する必要がある。

　第三に，買収後の経営統合において，現地人材を積極的に活用している点である。経営陣には現地人材を活用し，現地に権限を委譲している。現地従業員に対しては，働きやすい環境を整えている。一方で，重要案件は日本で管理している。こうした取組みは，現地に派遣する日本人駐在員に適任な人材が不足する中小企業にとって，特に有効と考える。

　本章では，先行研究が少ない中小企業の海外M&Aについて，一部ながらもそのマネジメントを明らかにした点に意義がある。一方で，海外M&Aに取り組む中小企業の事例は非常に少ないこともあって，単一事例の分析にとどまった。取り上げた事例企業も，株式を上場しており，中小企業の中でもかなり優良な企業である。また，日本国内でのM&Aマネジメントとの違いについても，分析できていない。今後は，より多くの事例を収集し，複数事例の比較などを通じて，本章で明らかにしたマネジメントについて，さらなる検証が求められる。

〔付記〕本章は，JSPS科研費JP23K12530および法政大学イノベーション・マネジメントセンターの助成を受けた成果である。

〈参考文献〉
伊藤萬里（2020）「クロスボーダー M&Aの趨勢にみる直接投資の変容」青山学院大学経済学会『青山經濟論集』72（3），pp.27-41.
江木達也・中野冠（2020）「クロスボーダー M&Aによる日本企業の利益成長に関する研究」『日本情報経営学会誌』40（3），pp.107-121.
株式会社レコフデータ（2024）『M&A専門誌MARR』No.353.
高瑞紅（2022）「M&Aによる事業拡大と買収後の統合タイミング」アジア経営学会『アジア経営研究』28，pp.69-89.
小久保欣哉（2014）「日本の製薬企業によるクロスボーダー M&A：武田薬品工業を事例に」国際ビジネス研究学会『国際ビジネス研究』6（2），pp.93-104.
杉浦慶一（2017）「日本企業のクロスボーダー M&AにおけるPMIに関する一考察」『東洋大学大学院紀要』54，pp.97-115.

田村俊夫（2017）「M&A：Lessons Learned：M&Aの勝率を高めるためのパースペクティブ」『資本市場リサーチ』44，pp.87-123.

中小企業庁（2022）『中小企業白書小規模企業白書（2022年版上）』日経印刷.

日本M&Aセンター海外事業部（2020）『ASEANM&A時代の幕開け：中堅・中小企業の成長戦略を描く』日経BP.

古屋礼子（2015）「世界のビジネス潮流を読むエリアリポートインド中小企業の進出にM&Aも」『ジェトロセンサー：国際ビジネス情報誌』65（775），pp.62-63.

松本茂（2021）『海外M&A新結合の経営戦略』東洋経済新報社.

ロバートK.イン（2011）『新装版ケース・スタディの方法（第2版）』千倉書房.

A社ホームページおよび掲載の新聞・雑誌記事.

丹下英明

第**5**章

越境のれん分けのマネジメント

1. グローカルビジネスと越境のれん分け

(1) グローカルビジネスの台頭

　近年，市場のグローバル化とアジア経済の台頭，日本文化への世界的評価の高まりなどを背景として，国内各地域における独自の資源（地域資源）を活用し，主に当該地域の市場をターゲットとしていた中小企業が，アジアを中心とした海外市場へと事業を展開する動きが活発となっている。ここで地域資源とは，国内各地域における独自の資源であり，特産品や地域ブランド品など，製品・サービスの特徴に直結するものをいう。

　「中小企業による地域産業資源を活用した事業活動の促進に関する法律（中小企業地域資源活用促進法）」では①農林水産物，②鉱工業品及びその生産技術，および③観光資源をその3類型としている。国は2007年に同法を制定し，地域資源を活用して商品やサービスを開発する事業計画を認定し，補助金や保証等様々な支援措置を講じてきた。国内市場の成熟化の中，これらのビジネスはグローバルな市場へと目を向けつつある。ここでは，こうした特定の地域資源の活用，あるいは地域性を有するビジネスが海外・グローバル市場をターゲットとするものを「グローカルビジネス」としている（表5-1）。

　奥山（2018）では，グローカルビジネス特有のマネジメント手法として，差別化要素の根本をなす地域資源におけるターゲット市場との異質性を活用した現地競合事業との競争優位の確保と，異質性の高い製品やサービスを受容できる程度にターゲット市場の価値へと変えていく同質性の確保とを両立していくことの重要性を指摘し，こうしたマネジメント手法を「異質性と同質性のマネジメント」としている。

　グローカルビジネスにおいては，地域資源によって特徴を付与された製品・

表5-1 「グローカルビジネス」の概念

特定地域の地域資源の活用，地域性

ターゲット市場		なし	あり
	特定地域・国内	国内ビジネス	地域ビジネス
	海外・グローバル	グローバルビジネス	グローカルビジネス

出所：筆者作成

図5-1 異質性と同質性のトレード・オフ

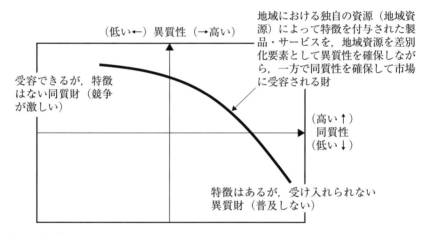

（低い←）異質性（→高い）

地域における独自の資源（地域資源）によって特徴を付与された製品・サービスを，地域資源を差別化要素として異質性を確保しながら，一方で同質性を確保して市場に受容される財

受容できるが，特徴はない同質財（競争が激しい）

（高い↑）
同質性
（低い↓）

特徴はあるが，受け入れられない異質財（普及しない）

出所：筆者作成

サービスを，海外市場においても差別化要素として異質性を確保しながら，同時に，同質性を確保して市場に受容されることが重要となる。異質性を強化すれば同質性の程度は減少し，市場の受容性が低くなる一方，同質性を強化すれば異質性の程度は減少し，市場の受容性は増すが特徴は出しにくくなる。経営資源に制約があり，交渉力にも市場戦略にも困難性を抱える中小企業の「グローカルビジネス」の場合，差別化の源泉たる地域資源を活用し，差別化戦略

によって競争力を確保するため，異質性と同質性とを相互に調整し，差別化を維持しながら市場の受容性をも高めることが求められる（図5-1）。

（2）海外進出形態としての「越境のれん分け」

　グローカルビジネスにおいて，海外展開の形態による相違も大きな研究視点の一つとなっている。海外展開の形態は間接輸出，直接輸出，直接投資など多様である。どのような形態であれば，どのような方策で「異質性と同質性のマネジメント」をより有効に機能させることができるのか，これが一連の研究を貫く問題意識である。こうした中，一連の研究のプロセスにおいて，「のれん分け」によって海外市場へと展開する事例が酒類製造業や飲食業などでいくつか観察された。海外展開の進出形態として，日本の伝統的かつ日本特有の経営手法である「のれん分け」が活用されるのは興味深い事象といえる。本章では，こうした日本特有のハイコンテクストな「のれん分け」を海外市場への展開に活用したビジネス形態を「越境のれん分け」と呼び，そのマネジメントの特性と構造を明らかにしていきたい。ここでの構造とは，奥山（2018）で示した「異質性と同質性のマネジメント」において，「越境のれん分け」の本家と別家は，それぞれどのような役割を担うのかをさす。

　これらを考察するため，本章ではアンケート調査による定量分析と，事例調査による定性分析を用いる。アンケート調査では，「越境のれん分け」についての，他の進出形態との異質性および同質性の重視度，課題，効果の差異などを定量的に把握し，有意な差があるかを考察する。事例調査では，日本の本家に勤務していた外国人が別家となった飲食店の事例，来日した外国人が本家のもとで体験に基づく知識獲得を経て別家となった酒類製造業の事例，および日本で「のれん分け」によって経営拡大を図った企業が海外にもその手法を適用した事例，の3事例を分析し，「越境のれん分け」による具体的なマネジメントの特性，課題・問題点の把握を試みる。

2.「のれん分け」とは何か

(1)「のれん分け」の歴史と現代的意義

　「のれん分け」は元来，商家（本家）で特定の奉公人（別家，分家）に営業権を付与して別家を許す制度である。髙瀬（1933）は，のれん分けを「経営者（主人）が功労ありし使用人に対して自己と同一屋号の使用を許すことを主たる目的とし，同時にまた多くの場合，自己の得意先の一部をも分ける行為」であるとしているが，現代においては付与する資源は屋号とは限らない。また，谷（1979）は「商家において，永年忠実に勤続した従業員を選んで，暖簾権の一部を付与，独立させること」としたが，現代では「永年忠実に勤続した従業員」以外にも適用される例があり，従業員の功労に報いるだけでなく，「権利を与えて多店舗展開を図る手段」（山岡，2017）であり，「人材獲得競争に優位に立つとともに，のれん分けを店舗展開のひとつの手段として活用」（髙木，2021）するなど，事業展開手法のひとつであることが強調されている[1]。こうしたことから，本章では現代的な「のれん分け」を，他者に商号・技術・格式・伝統・事業のノウハウなどを提供し，事業展開を図る制度と定義する。

　一方，「のれん」は営業の象徴として一般的に認知されている。髙瀬（1930）によると，「永年，誠実に経営され，非常に信用を博している商品の屋標，すなわち屋号が，多くの顧客を吸収して営業を反映せしめるため，重大な効果をもつことが一般に認められ，それがいろいろな機会に売買の目的物となった結果，財産として認識されるようになった」という。これが，営業の象徴としての「のれん」の源流である。この「のれん」を活用した別家制度，いわゆる「のれん分け」という制度の確立は，江戸中後期頃からであるといわれる。中

---

(1) のれんの語源は，僧堂内で風気を防ぐための布帛・幌を意味する中国語「ノウレン（諾兰）」にあるといわれている。日本では鎌倉時代に一般民家の出入り口の屏障具として「のれん」の使用を開始した。店棚に並べた商品を通行人に見せるため店先を開放した商家がこれを出入り口に使用するようになり，のれんにそれぞれの標（しるし）を入れて自家の目印に利用するようになった。

井（1966）によれば，三井ののれん分け制度が確定したのは享保10（1725）年前後であり，「家号・家印を与えられた者は家督と呼ばれて世襲を許され，家督の次男以下が分家するばあい，あるいは自己の奉公人に暖簾を分けるばあいには本家の許可を要することになっていた。」という。「別家となった家督は枕掛銀および月々の掛銀を払い，家督相続講（別家の組織）に加入，加入後20年を経て，講は一定額の褒美を共同財産のうちから給付し，また窮状に陥入ったばあいには共同財産から融資を行ない，また講中は正月・八月に参会し，吉凶を共にして家の紐帯を強化し，本家・分家の上下の社会関係とこれを規制する規範を通じて相互援助と監視が行なわれ，本家を中心とする全体の統合が計られた。」としている。「町人が世襲的に享有する得意先や仕入れの特約関係など，貨幣価値のあるものに家督としての意識を懐くようになり，町人の商号・商標が信用を得ていると，血縁者たると奉公人たるとを問わず，"暖簾分け"といって商号・商標を分与して擬制的な本家分家関係が成立」した（中井，1966）。これにより，「有力な商人の多くは日本橋・京橋の都心地域に住み，かれらは本家・分家の家の結合をもって，資金・商品の融通など経済上の関係のみならず，他の社会的結合をも強化して支配的な地位」を確立したという（矢崎，1962）。

「のれん」は「何らかの独占的条件によって特別なる利益が獲得される場合」に発生する（高瀬，1930）。その条件とは，①人的条件：経営者および使用人の才能，技能，性格（または技術的条件），②法律的条件：免許・許認可，株仲間的参入障壁，③自然的（地域的）条件：営業所および製造工場の地域（立地），および④資本家的条件：合同，コンツェルン等である。「のれん」は「商標，ブランド」だけではなく，それが経済学的価値を持つときの様々な条件によって生じるといえる。

他方，会計の分野でも「のれん」は頻出用語である。この定義は「取得企業が事業を取得した際に支払った対価から被取得企業の識別された資産・負債の純額を差し引いたもの」とされる。合併・買収の場合，その構成要素は，被買収企業の既存の事業における継続企業要素の公正価値，買収企業と被買収企業

の純資産及び事業を統合することにより期待される相乗効果，M&A時点における被買収企業の純資産の帳簿価格を公正価値が超過する部分，被買収企業が認識していなかったその他の純資産の公正価値，買収企業による支払対価の過大評価，買収企業による過大支払または過少支払，の6つである。IFRS第3号（企業結合）（IFRS3.BC313）によれば，被取得企業の既存の事業における継続企業要素の公正価値としては，認識された資産・負債には個別に反映されていない，被取得企業が継続的に高い収益率を生み出す源泉である。例えば，競合企業が容易に参加できない市場の参入障壁や能力の高い人材，カルチャー等が含まれるとされる。また，被取得企業が取得企業と統合されることから生じる買収後のシナジーも「のれん」となり，取得企業が被取得企業の販売チャネルを用いて自社製品を販売することによる売上増加，あるいは，生産拠点が統合されることによるコストの削減等がこれに該当する[2]。

(2) 国内における「のれん分け」事例

　日本国内において「のれん分け」による事業展開手法は，飲食店を中心に広範にみられる。過去の雑誌などの資料からのれん分けの事例を収集・整理すると，とくに1970年代から1990年代にかけて活発に実施されていたことがわかる。事例をみると，その多くは「別家」対象者を一定の勤務経験を有した従業員としているケースが多いものの，勤続年数などの要件はまちまちである（表5-2）。「同じ味が出せるようになればのれん分けの権利を与える制度で，40年でわずか4店，のれん分けされずに去った従業員多数」（表5-2中の1.中華料理店：東京），「繁盛店にしてくれる人材にのみ独立を許可」（同2.ラーメン店：神奈川）のように別家となる人材を質的に見極める制度もある。

　「のれん分け」の際の援助・条件・規制，ロイヤリティなどの負担の有無も

---

(2)「のれん」の隣接概念として，営業権がある。営業権とは，当該企業の長年にわたる伝統と社会的信用，立地条件，特殊の製造技術及び特殊の取引関係の存在並びにそれらの独占性等を総合した，他の企業を上回る企業収益を稼得することができる無形の財産的価値を有する事実関係である（最高裁判所判例 1976）。

表5-2　日本国内におけるのれん分けの事例

業種 （本家所在地）	のれん分け「別家」対象者	援助・条件・規制， ロイヤリティなど
1. 中華料理店 （東京）	・同じ味が出せるようになればのれん分けの権利を与える制度，ただし「40年でわずか4店，のれん分けされずに去った従業員多数」	・メニューや使用食材の制約なし，ただし「本家と異なる味を追求されても困る」 ・本家，別家，のれん分け以外の元従業員，常連客で構成する会あり，原価計算などの勉強を行う
2. ラーメン店 （神奈川）	・従業員は，内弟子と，独立を前提とした外弟子に区分，本家オーナーのコミットメントを重視，「繁盛店にしてくれる人材にのみ独立を許可」	・外弟子は無給で講師料を支払う場合もあり，講師料は独立資金としてプールされる ・本家が物件探し，投資を実施，ロイヤリティで回収
3. 居酒屋 （東京）	・独立志向の社員には「普通の店の店長」「不採算店の店長」「新規店の店長」を順次経験させ，独立を許可，関連の協同組合（2021年廃止）によって独立を承認	・フランチャイズ契約による。フランチャイジー向け事務代行制度とこれに基づく経営支援，スーパーバイザー制度による助言，フランチャイジー側社員の直営店でのOJT ・協同組合を保証人とする無担保融資を実施
4. カレー店 （愛知）	・のれん分けFC店 ・地域によって2～5年勤務，店長として3ヶ月以上，本部が経営者として適格であると認めることなどが条件	・加盟金が正規加盟店の10%，開業費の無利息・無担保融資，内装や設備機器のリースが利用できる ・ロイヤリティなし，ただし半加工品は本部から仕入れ，メニューも統一
5. 持ち帰りすし店 （兵庫）	・本家で7年以上勤務，資金を自分で貯めるのも条件（不足分は本社の保証で銀行から借り入れ可能）	・ロイヤリティは課さない，CM費用を共同宣伝費として徴収する
6. コーヒー卸 （愛知）	・3年程度の業務従事	・顧客，商圏をもたせる。商圏は重ならないよう配慮 ・別家を「支店」と呼称
7. ステーキハウス （愛知）	・10年以上勤務が要件	・保証金200万円，3年間は13%の高額ロイヤリティ（4年目から通常の7%に戻る）。苦しい店舗運営を経験させるため ※3年間は店の所有権は本部
8. うどん店 （大阪）	・独立自営支援制度：勤続年数10年以上，満年齢28歳以上，店長経験5年以上，既婚者，自己資本500万円以上	・支援制度：500万円を限度に融資，金融機関の幹旋

業種 （本家所在地）	のれん分け「別家」対象者	援助・条件・規制， ロイヤリティなど
9. うどん店 （愛知）	・社員OB専用のうどんチェーンを開発 ・社歴5年以上，社内預金300万円前後要	・フランチャイズ契約による
10. 惣菜店 （東京）	・2年間のOJTが要件	・物件は自分で探す。物件を本家が確認，事業化可能と認められれば保証金や内装費等1400万円分を本部が負担。「業務委託契約」を締結，ロイヤリティは売上高の10％（500万円上限）
11. たこ焼き店 （群馬）	・店長昇格（4段階の検定試験），IPC（Individual Partners Contract：社員の独立のための資格）取得	・加盟金100万円，既存店舗での独立も可能 ・店舗などはリースで，ロイヤリティ支払い
12. スーパー （東京）	・10年で1,000万円程度の社内預金	・ボランタリーチェーン方式 ・開業資金が足りない分は本部が融資
13. とんかつ， 中華料理店 （東京）	・同社特有の制度（グリーンチャイズ制度）のうちA方式：個人による委託経営制度が該当 ・7年以上の在籍者，2年以上は指導的地位，供託金100万円	・開店までに要する費用は本社が立て替え，減価償却費，金利相当分を返済 ・指導料，委託料を支払い（売上高の数％：応相談） ・別家は本家を休職したまま開業できる
14. 精肉店 （東京）	・のれん分けコースの社員，高卒6年以上，大卒5年以上 ・月1万円以上の貯蓄（のれん会積立金制度） ※資金不足の場合共同経営も可。許可制	・許可が出たら，店長教育1か月 ・社員を出向させる制度あり ・財務の計算はすべて本家で行うことで経営状況を把握
15. 持ち帰りすし店 （静岡）	・社員歴8年で誰でも独立できる（多少の能力差は問題ないとされる）	・資金援助，8年間の研修計画あり ・家族での経営を推奨（小規模，生業） ・共同仕入，商品の共同開発・共同製造あり

（注）いずれも下記の資料掲載当時のものである。
出所：杉本（2002），田中（1975），商業界編集部（1974），先見労務管理編（1973），月刊食堂編集部（1986），月刊食堂編集部（2000），田中（1994），藤田（1992），川崎（1990），瀧澤（1976）を参考に筆者作成

多様で，別家とフランチャイズ契約を締結する事例もある。また，「別家は本家を休職したまま開業できる制度」（同13.とんかつ，中華料理店：東京）や「社員を出向させる制度」（同14.精肉店：東京）など，別家の経営リスクの低減や人材確保の支援を制度化しているケースもある。さらには，のれん分け後も本家と別家が集う何らかのコミュニティを擁し，人的結合を重視する事例もいくつか見受けられる。

（3）国際経営学における「のれん分け」

　先行研究を俯瞰すれば，経営学的な「のれん分け」に関する近年の先行研究は，実務的な事例記事などは存在するものの，学術的には明治初期における長野県小諸市の柳田同族団の「のれん分け」を活用した経営システムを描いた河野（2007），老舗大衆食堂の「のれん分け」による労働者移動型のネットワークと組織化の成長と衰退を考察した奥井（2018）などに限られる。「のれん分け」による海外展開について考察した先行研究はほとんど見当たらない。

　一方，「のれん分け」に隣接したフランチャイズやライセンシングを含めれば，国際経営の分野でも研究蓄積が進んでいる。例えば，海外展開形態を規定する枠組として知られるDunning（1981a）のOLI理論（The OLI Framework）によれば，所有の優位，内部化の優位，立地の優位，の3つの有無によって海外進出形態，すなわち，直接投資，輸出および契約上の資源移転（フランチャイズ，ライセンシングなど）が規定されるとしている。Dunningによれば，契約上の資源移転は，海外展開しようとする企業の資源が他の競合他社よりも競争優位を生み出す価値，希少性，模倣困難性があるという意味での所有の優位（企業特殊的優位）は有しているものの，内部化の優位，立地の優位の2つを有していないときに適用される海外展開プロセスである。契約上の資源移転に際しては，所有の優位の源泉となる知識などの資源をいかに海外に移転するかが課題となる（Dunning & Lundan, 2008）。「越境のれん分け」は，必ずしも契約に基づかないものの，資源移転の一形態であることから，Dunningはこうした進出形態の可能性も示唆しているといえる。

表5-3 のれん分け，フランチャイズ，ライセンシング

	のれん分け	フランチャイズ	ライセンシング
対象目的	・一定の経験・技術を求める ・つながりがある人材（従業員等）が対象〈担い手の特定性〉 ・業容拡大とともに従業員等の処遇が主目的の場合もある	・基本的には誰でも（あるいは短期的な研修などを経れば）加盟可能〈担い手の一般性〉 ・業容拡大が目的	・ライセンシーには一定の運営能力があることが前提〈担い手の特定性〉 ・主に業容拡大が目的
結合権限	・人的結合的 ・別家の裁量〈担い手の裁量性〉	・システム的，契約 ・本部の権限が大きい〈担い手の非裁量性〉	・システム的，契約 ・ライセンシーの裁量〈担い手の裁量性〉

出所：筆者作成

　Dunningのいう契約上の資源移転のうち，フランチャイズはシステム性，画一性を有し，一般的にフランチャイジーの裁量範囲は小さい。また，必要なノウハウはフランチャイザーから提供されるため，基本的にフランチャイジーに特別な能力を求めず，例外はあるものの，その担い手（フランチャイジー）も本家の従業員など一定の経験を必要としない場合が多い。このように能力，ノウハウの一方的な付与もフランチャイズの大きな特徴であり，この点ではのれん分けやライセンシングとは異なる[3]。

　他方，ライセンシングは，ライセンサーからライセンシーへの制約の強弱は多様であり，フランチャイズほどシステム化，画一化されておらず，ライセンシーの裁量範囲は比較的大きい点で「のれん分け」と類似している。さらに，その本質が，のれんの構成要素たる知的財産を利用させる点や，ライセンシーには一定の運営能力があることが前提（担い手の特定性）である点でものれん分けと類似しており，両者の境界は曖昧である（表5-3）。

　このように，「越境のれん分け」は資源を移転する制度ではあるが，契約を

---

(3) ただし，表5-2でみたように，のれん分けにフランチャイズ契約を適用するケースもある。

前提としない場合もあるなど日本の高コンテクストな慣習に基づくものであるため，海外で有効かは未知数である。しかし，少なくとも日本から海外への展開においては，資源移転を実現する方法として有効に機能する可能性がある。とくに，内部化の優位，立地の優位を持たず，経営者あるいは後継者が現地で陣頭指揮を執る以外にマネジメント人材の確保が難しい中小企業の場合，有効な海外進出手法の一つとなり得る。

3. アンケート調査による分析

(1) アンケート調査の概要

　直接輸出，直接投資との比較によりのれん分けの特徴を考察するため，アンケート調査を実施した。対象企業は株式会社Resorzの海外ビジネス支援プラットフォーム「Digima 〜出島〜」登録企業（海外展開を実施している企業もしくは検討している企業），調査期間は2021年8月から10月まで，調査方法はメールによる依頼・web入力による回答，有効回答数は318社である(4)。

(2) 進出形態によるマーケティングの重点の比較

　海外への主要進出形態別に，「日本における商品・サービスの特徴を前面に押し出している」かどうかと，いわゆるマーケティングの4P（商品・サービス，価格，販路，プロモーション）の各項目について「国・地域に合わせて変えている」かどうかを「あてはまる（4点)」「ややあてはまる（3点)」「あまりあてはまらない（2点)」「あてはまらない（1点)」の尺度で質問した。なお，前述の通りライセンシングはのれん分けと担い手の特定性および裁量性において類似点が多いため，選択肢としての区別が難しく，本調査においては「越境のれん分け」にはライセンシングなどのブランド付与を含んでいる。また，

---

(4)「海外展開を検討している企業」は，実際の課題に直面していないことから実際に実施している企業の回答と差が生じることが想定されるが，実際を想定したうえでの事前の戦略に基づいた回答とみなし，これらも分析対象としている。

表5-4　マーケティングの重点の比較：越境のれん分けと直接輸出

		度数(N)	平均値	標準偏差	平均値の標準誤差
日本における商品・サービスの特徴を前面に押し出している	越境のれん分け	25	3.16	.800	.160
	直接輸出	57	3.11	.817	.108
商品・サービスを国・地域に合わせて変えている	越境のれん分け	25	3.08*	.759	.152
	直接輸出	57	2.63*	1.011	.134
価格を国・地域に合わせて変えている	越境のれん分け	25	3.16**	.688	.138
	直接輸出	57	2.63**	.993	.132
販路を国・地域に合わせて変えている	越境のれん分け	25	3.08	.909	.182
	直接輸出	57	2.77	.926	.123
プロモーションを国・地域に合わせて変えている	越境のれん分け	25	3.28**	.792	.158
	直接輸出	57	2.77**	.926	.123

(注) 1. 越境のれん分けにはブランド付与を含む。
　　 2. **p ≦ 0.05。*p ≦ 0.1。T検定（両側検定）による。等分散性の検定にはルビーン検定（Levene's test）を用いている。
出所：筆者作成

「フランチャイズ」もカテゴリとして設定したが，回答数が少なく（N=3），分析対象外とした。このため，分析では「越境のれん分け」と「直接輸出」「直接投資」との差に着目する。

　まず，「越境のれん分け」と「直接輸出」についてその違いをみていくと，「日本における商品・サービスの特徴を前面に押し出している」かについては，両者とも得点が高く重視している傾向がみえる。一方，マーケティングについては，「商品・サービス」「価格」「販路」「プロモーション」いずれの平均点も「越境のれん分け」のほうが高く，国・地域に合わせて柔軟なマーケティングを実施していることがわかる。平均の差の検定（T検定）では「価格」「プロモーション」は5％水準で有意[5]，「商品・サービス」は10％水準で有意となっている（表5-4）。

---

(5)　有意とは，統計上，偶然とは確率的に考えにくく，必然である可能性が高いと推測されることをいう。

表5-5　マーケティングの重点の比較：越境のれん分けと直接投資

		度数(N)	平均値	標準偏差	平均値の標準誤差
日本における商品・サービスの特徴を前面に押し出している	越境のれん分け	25	3.16	.800	.160
	直接投資	154	3.05	.862	.069
商品・サービスを国・地域に合わせて変えている	越境のれん分け	25	3.08	.759	.152
	直接投資	154	2.90	.958	.077
価格を国・地域に合わせて変えている	越境のれん分け	25	3.16**	.688	.138
	直接投資	154	2.81**	.969	.078
販路を国・地域に合わせて変えている	越境のれん分け	25	3.08	.909	.182
	直接投資	154	2.87	.982	.079
プロモーションを国・地域に合わせて変えている	越境のれん分け	25	3.28*	.792	.158
	直接投資	154	2.90*	.971	.078

（注）表5-4に同じ。
出所：筆者作成

　次に，「越境のれん分け」と「直接投資」についてその違いをみていくと，こちらも「日本における商品・サービスの特徴を前面に押し出している」かについては，両者とも得点が高く重視している傾向がみえる。一方，マーケティングについては，「商品・サービス」「価格」「販路」「プロモーション」いずれの平均点も「越境のれん分け」のほうが高く，国・地域に合わせて柔軟なマーケティングを実施しているようである。平均の差の検定（T検定）を行うと，「価格」は5％水準で有意，「プロモーション」は10％水準で有意となった。「直接投資」においては，強力な権限移譲によって進出先拠点の裁量を高めて柔軟性を持つことは可能であるが，そうでないケースも存在する。調査では，「直接投資」に両者が混在していることが「越境のれん分け」よりも柔軟性が低いという結果に反映されていると考えられる（表5-5）。

　こうしたことから，「越境のれん分け」は「直接輸出」「直接投資」よりも対象となる国や地域に合わせた柔軟なマーケティングを実施しており，とくに「直接輸出」「直接投資」に対して「価格」や「プロモーション」の柔軟性，「直接輸出」に対しては，これに加えて「商品・サービス」自体の同質性確保

表5-6　海外展開の課題・問題点

回答数（割合）	日本と海外とで経営が複雑になり，効率が悪くなる	合意を取り付けるのが困難	顧客や取引先とコミュニケーションがとりづらい	日本国内第一の考え方から脱却できない	度数（N）
越境のれん分け	7　(28.0%)	10(40.0%)**	14(56.0%)	4　(16.0%)	25
直接輸出	8　(14.0%)	11(19.3%)	25(43.9%)	6　(10.5%)	57
直接投資	32　(21.3%)	22(14.7%)**	43(28.7%)**	36　(24.0%)	150
全体（間接輸出含む）	56　(20.2%)	56(20.2%)	107(38.6%)	55　(19.9%)	277

（注）複数回答。合計は「間接輸出」を含めた数。**各項目を単数回答（はい・いいえ）に置き換え，標本の平均と母集団の平均とが統計学的にみて有意に異なるかどうかについて，「間接輸出」を含めた4分割のZ検定（p値の調整はボンフェローニ法（Bonferroni's method）による）で統計的に有意な差（p≦0.05）がみられたものを示している。
出所：筆者作成

の重視度が高いことが示唆された。なお，「直接投資」で「越境のれん分け」よりも同質性が低いのは，担い手が日本から派遣された日本人が多いことによる海外市場への理解不足などが要因と推測される。

（3）進出形態別の課題・問題点の比較

　海外への主要進出形態別に海外展開の課題・問題点の差をみることで「越境のれん分け」に強く表れる課題をみる。これによると，「日本と海外とで経営が複雑になり，効率が悪くなる」「合意を取り付けるのが困難」「顧客や取引先とコミュニケーションがとりづらい」という課題では，いずれも「越境のれん分け」で進出した企業群において課題・問題点であると回答した企業の割合が他の進出形態に比べて高くなっている。他方，「日本国内第一の考え方から脱却できない」という課題は「直接投資」で高くなっている。また，各項目を単数回答（はい・いいえ）に置き換えた場合に有意な差がある項目をみると，「合意を取り付けるのが困難」では「越境のれん分け」で高く，「直接投資」で低いほか，「顧客や取引先とコミュニケーションがとりづらい」は「直接投資」で低い。「越境のれん分け」では国内外での経営主体が別（本家と別家）で柔

軟な対応が可能な反面，本家と別家の意見が異なれば合意形成が困難となる。また，ブランドを付与する際に契約を事前に結ぶライセンシングの場合には，契約締結の際，合意に困難が伴う可能性もある。対して，直接投資は，海外拠点が支配下にあるため合意を取り付けるのが容易で，顧客や取引先とも自社で接するためコミュニケーションをとりやすいという利点があると解釈できる（表5-6）。

4. 事例調査による分析

　前節の定量的分析では，「越境のれん分け」は，直接輸出や直接投資よりも対象となる国や地域に合わせた柔軟なマーケティングを実施できる可能性が示唆された。では，どのように柔軟なマーケティングを実施しているのか，事例調査によって観察していくことにしたい。

（1）アルバイトの留学生への越境のれん分け：NT社

　池袋でもんじゃ焼き・お好み焼き店を経営するNT社（東京）（1997年創業）は，マレーシア・クアラルンプール郊外でもんじゃ焼き・お好み焼きの店を営むNM社（2017年創業）への「越境のれん分け」を実施した。NM社の創業者（マレーシア人）が留学時代，NT社に勤務していた。NT社の経営者によれば，同社に勤務していた外国人の中からオーナーの人物評価により出店を許可する仕組みであり，ノウハウは勤務中あるいは開業準備，開業後に関わらず全て伝授し，設備は日本から持ち込んだという。契約書のようなものは交わしておらず，経営について別家からの相談に適宜応じている。メニューの制約はなく，別家独自のメニュー展開も可能である。ただし，本家と全く同じ屋号は使用不可というルールがあり，これにより本家のブランド毀損リスクを回避している。別家のNM社では，日本固有のメニューに加え，現地の中華系顧客のニーズに合わせて，素材などをアレンジしている。本家のNT社にとっても，海外展開について特段の投資を必要としないだけでなく，将来母国で独立でき

るかもしれないという期待感から人材が確保しやすく，さらには顧客の「相互
紹介」による売上メリットもある[6]。中国にも別家が存在したが，現在は撤退
しているという。

(2) 一連のビジネスプロセスの経験を経た越境のれん分け：MI社

　茨城県の酒造メーカーMI社は，香港で日本酒の開発・販売を行うTH社への「越境のれん分け」を実施した。TH社の経営者は香港出身の女性で，MI社に同社の日本酒を香港で販売したいと依頼したところ，MI社の蔵主は承認せず，まず同社の日本酒の製造工程などを体験し，その特徴などを理解することから始めるよう促した。そこで，TH社の経営者は米作り，醸造等を体験し，これを経て香港の女性をターゲットとした日本酒をプロデュースし，独自ブランドの日本酒として2018年に香港で販売を開始した[7]。これにより，TH社は，MI社が製造する日本酒の特徴を，日本とは異なるターゲットに訴求することとなった。

(3) 元従業員への越境のれん分け：AT社

　1966年創業でエアコン設置・メンテナンスを手掛けるAT社（東京）は，日本では従業員の「のれん分け」によって地域各社（別家）を設立し，共栄会のもとで仕事の融通など事業協力を実施している。採用時に独立意思を聞き，独立意思がある者には将来経営者（別家）になるための研修を実施し，独立の際には退職金の上積み，在職中に使用した工具一式の無償給付などを行うほか，独立開業後に一定の業務を斡旋する。本家と別家との間に契約は存在しない。これにより将来独立をめざした人材確保が可能となるというメリットがあるという。海外（ベトナム，上海，北京）については，1993年にベトナム政府直営の国営公団と共同でハノイ市に教育機関を設立，次いで現地の空調設備業者

---

(6) 2019年2月25日NM社，2022年4月14日NT社に訪問し，代表者に対してインタビュー調査を実施した。
(7) 2018年7月13日MI社に訪問し，代表者に対してインタビュー調査を実施した。

と合弁企業を立ち上げた。また，中国でも北京と上海に合弁企業を設置し，外国人にAT社に勤務してもらい，スキルを身につけた後に合弁企業の中核人材として勤務してもらうこととした。ただし，様々な規制の中で事業調整が難しく，上海の合弁企業は独資としてのちに撤退，北京は合弁企業の代わりにAT社に勤務していた中国人が設立したAC社を別家として事業を継承した。

　AC社は，エアコン関連のほか，現地での需要に応じ，医療用空調設備，水景設備なども手掛ける。別家は，基本的には自由に事業展開を行うが，本家と別家とは事業協力の関係にあり，必要に応じて仕事のやり取りが行われる。別家の顧客に必要な設備を本家が調達し，別家に送った実績もある[8]。

(4) 事例からの示唆

　事例から示唆されたのは，次の2点である。

　第一に，別家を担う人材である。事例に掲げた3社は，いずれも対象市場国・地域の出身で，かつ，日本で本家に勤務経験あるいはそれに準じた体験がある人材であった。こうした人材は，日本における製品・サービスの特徴も，対象となる市場の特徴も理解できる立ち位置にある。

　第二に，本家，別家それぞれの役割である。まず本家は，別家を担う人材に対してノウハウ獲得の機会を付与するほか，設備導入の支援や経営相談などによる事前あるいは事後的な別家への関与により，別家の経営を支援すると同時に，本家の商品・サービスの特徴を海外市場でも維持するプロセス，すなわち異質性を確保する役割があると考えられる。NT社は本家での勤務を通じて店舗運営とお好み焼き調理のノウハウを，MI社は，別家の日本での体験を通じて米作りを含めた日本酒の特徴と価値を，AT社は本家での勤務を通じてエアコンのメンテナンスノウハウを，それぞれ別家に伝授していた。

　一方，別家は，本家のビジネスに内包する異質性を失わない程度に現地の市

---

(8) 2022年4月7日にAT社に訪問し，代表者および創設者に対してインタビュー調査を実施した。

表5-7　事例の比較

本家	別家の担い手	援助，条件，コミュニティ	本家の経済的メリット
NT社	NM社：対象市場国出身・元従業員，事業ノウハウを修得	契約なし，メニューの制約なし，ただし完全同一の屋号は認めず，適宜サポート	相互紹介による来客促進
MI社	TH社：対象市場国出身・インターンシップ受講者，日本酒文化への深い理解	契約なし，商品名・パッケージは本家とは別，適宜サポート	商品の供給
AT社	AC社：対象市場国出身・元従業員，事業ノウハウを修得	契約なし，事業の制約なし，適宜サポート	仕事のやり取り

出所：筆者作成

場と調整して同質性を高めていく役割を有していた。NM社はマレーシアの中華系顧客の嗜好に合わせたメニュー開発を，TH社は香港の女性顧客のニーズに合わせた独自ブランドの開発を，AC社は中国の商業施設などのニーズに合わせた設備導入やメンテナンスサービスを本家とは異なる形で展開している。

　このように，本家の異質性確保，別家の同質性確保それぞれの役割を発揮できるのは，事例に共通する2つの特徴，すなわち，本家が別家に日本における異質性理解を促し，日本における製品・サービスの特徴も対象となる市場の特徴も理解した人材が別家の担い手となっていること，また別家が本家から経営的に独立しており，かつ柔軟に対象市場への同質性を確保することが可能となる程度に自律性が高いこと，が基礎にある（表5-7）。

5. 結論

　本章では，日本特有の「のれん分け」による海外への展開形態である「越境のれん分け」のマネジメントの特性とその課題・問題点，および本家と別家との役割分担について考察した。

　アンケート調査によれば，「越境のれん分け」による海外進出形態では，「直接輸出」や「直接投資」と同様に日本における商品・サービスの特徴を前面に

押し出している一方，「直接輸出」や「直接投資」と比べて，国・地域に合わせて商品・サービス，価格，プロモーションなどを柔軟に実施し，異質性と同質性を両立させようとするマーケティングがみられた。

　また，事例調査によれば，別家を担う人材の確保や教育の手法やその後のかかわり方などは多様であるものの，「越境のれん分け」における異質性と同質性の両立に関して，本家と別家それぞれの役割について各事例に共通点がみられた。具体的には，本家が「事前的あるいは事後的な関与により，別家の同質性確保のプロセスに対し，異質性を失わないような役割」，別家が「本家事業の異質性を失わない程度に，現地の市場と調整して同質性を高めていく役割」をそれぞれ担っている状況がみられた。

　以上の考察から，「越境のれん分け」について以下の点が示された。

　第一に，グローカルビジネスにおける「越境のれん分け」形態の特徴についてである。事例からみれば，「越境のれん分け」は，現地の裁量が増え，現地のきめ細かいニーズに対応できるという利点を有する。「直接投資」では海外拠点に「越境のれん分け」ほど高い裁量権を付与することは難しく，また，「直接輸出」では海外市場の情報は限定され，対象国市場に合わせたマーケティング活動が十分に展開できない可能性がある。この点，アンケート調査において「越境のれん分け」は，「直接投資」や「直接輸出」より価格やプロモーションについてより柔軟に市場に対応していた。また事例においても，商品・サービスを現地ニーズに適合するよう積極的にアレンジしていた。こうした工夫を行うことで，「越境のれん分け」は，経営資源が制約される中小企業にとって有効な海外進出形態になり得る。

　第二に，「越境のれん分け」のマネジメントにおける特性である。この特性を最もよく示しているのが，本家と別家との役割分担である。アンケートにおいて，越境のれん分けでは日本における商品・サービスの特徴を前面に押し出す一方，直接輸出や直接投資と比べて国・地域に合わせて柔軟なマーケティングを展開する傾向がみられた。これは，トレード・オフが生じかねない異質性と同質性を両立させるマネジメントである。また，事例では，本家は，本家に

図5-2 「越境のれん分け」による本家・別家の役割分担

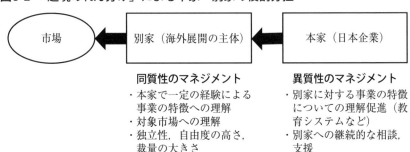

出所：筆者作成

　おいて一定の勤務あるいは事業を経験させることで別家に日本での特徴（異質性）を理解させるほか，事業の異質性を失わないために必要に応じて別家に対してサポートを実施する。他方，別家は対象市場の国・地域の出身あるいはそこでの生活経験があることで市場の特徴（同質性）を理解しており，経営の独立性の確保と高い自由度，比較的大きな裁量のもとで，ターゲットとする海外市場に対する同質性を高めていくマネジメントを実施していた。このように，別家は異質性を理解しながら，海外事業を「異質性と同質性の両立」へと調整していく役割を担っている。この調整を支えるのが，本家と別家との人的結合や相互信頼である。ここに，海外進出形態における「越境のれん分け」の特性を見出すことができる（図5-2）。

　一方，「越境のれん分け」には，マネジメント上の課題・問題点もみられた。海外展開の方針などについて本家と別家の合意が困難で，日本での特性（異質性）やブランドイメージを損ないかねないことである。たしかに，越境のれん分けの場合，別家の裁量が高く柔軟な運営が可能となる反面，こうした問題は発生しやすい。ただし，事例では，これを人的結合で補完したり，屋号を統一しないことによってブランド毀損リスクを回避したりする方法，すなわち，基本的には別家に任せ，「合意を取り付けなくても問題ない仕組み」を導入して

いた。アンケート調査では，合意を取り付けるのが困難との問題点を挙げる企業が多く，こうした問題点の存在が示唆されたが，事例調査では，収益分配があいまいであることを前提として直接的な収益以外のメリット享受を重視する傾向がみられた。これらの具体的内容については，今後の研究課題としたい。

＊本章は，JSPS科研費JP21K01641の助成を受けた研究の成果であり，奥山雅之（2023）「越境のれん分けに関する一考察—有効性，課題および役割分担」日本マネジメント学会『経営教育研究』26（1・2），pp.95-105をもとに大幅に加筆・修正したものである。

〈参考文献〉

阿部幸男（1975）「驚くべき成績上げる丸正食品南上原店」『食品商業』1975年10月号，商業界，pp.147-153.

天野倫文（2010）「新興国市場戦略の諸観点と国際経営論—非連続な市場への適応と創造」国際ビジネス研究学会編『国際ビジネス研究』2（2），pp.1-21.

飯塚司郎（2019）『丸く正しい商いを愛され続けるスーパー「丸正」の100年』ダイヤモンド社.

伊藤義雄（1978）『現代「のれん分け」経営法—中小会社の論理』中央経済社.

太田正孝（2016）『異文化マネジメントの理論と実践』同文舘出版.

奥井亜紗子（2018）「京阪神地域における大衆食堂経営主の生活史と同郷ネットワーク：「力餅食堂」を事例に」京都女子大学『現代社会研究科論集』（12），pp.45-64.

奥山雅之（2017）「グローカルビジネスと地域振興—島根県隠岐郡海士町のナマコビジネスを例に」多摩大学『多摩大学経営情報研究』No.22，pp.1-16.

奥山雅之（2018）「中小企業によるグローカルビジネス・マネジメントに関する一考察—国際戦略行動分析の視点と理論的枠組」日本マネジメント学会『経営教育研究』21（2），学文社，pp.29-40.

奥山雅之・NPO法人ZESDA編著（2021）『グローカルビジネスのすすめ』紫洲書院.

川崎進一（1990）「社員独立制度で精鋭幹部を確保せよ」『商業界』1990年11月号，商業界，pp.178-193.

河野敬一（2007）「商家の経営展開からみた地方都市の変容」（第10章）山根拓・中西僚太郎編著『近代日本の地域形成―歴史地理学からのアプローチ』海青社，pp.183-202.

近代セールス社編「従業員の独立・のれん分けを支援する！〜創業者との接点の作り方＆本業サポート」『近代セールス』2019年11月15日号，近代セールス社，pp.8-35

月刊食堂編集部（1969）「のれん分けで協力体制を堅める」『月刊食堂』1969年6月号，柴田書店，pp.124-127

月刊食堂編集部（1986）「わが社の独立・のれん分け制度完全公開」『月刊食堂』1986年12月号，柴田書店，pp.154-173.

月刊食堂編集部（2000）「独立のための修行学」『月刊食堂』2000年3月号，柴田書店，pp.128-135.

最高裁判所判例（1976）「最三決昭和51年7月13日」集民（118），p.267.

商業界編集部（1974）「見直される『のれん分け制度』」『商業界』1974年8月別冊，商業界，pp.108-111.

新谷尚人（2017）『バー「サンボア」の百年』白水社.

杉本収（2002）「強い店と商人を育てる『のれん分け』のススメ」『商業界』2002年4月号，商業界，pp.192-207

先見労務管理編「24歳で店主になれる」（1973）『先見労務管理』（349），労働調査会，pp.4-5.

髙木悠（2021）『21世紀型「のれん分け」ビジネスの教科書』自由国民社.

高瀬荘太郎（1930）『暖簾の研究』森山書店.

高瀬荘太郎（1933）『グッドウィルの研究』森山書店.

瀧澤算織（1976）「現代的のれん制度（連載2回〜最終回）」『労務事情』1976年5月11日号（pp.40-43），同6月11日号（pp.38-41），同7月11日号（pp.40-43），同8月11日号（pp.40-43），同9月11日号（pp.40-43），産労総合研究所.

田中栄司（1975）「経営参加につながる"のれん分け"のやり方」『商店界』1975年12月号，誠文堂新光社，pp.208-211.

田中政治（1994）「業務用中心にコーヒーの地域一番店」『専門店』1994年4月号，協同組合連合会日本専門店会連盟，pp.32-36.

谷峯蔵（1979）『暖簾考』日本書籍.

中小企業診断協会（2019）「中小企業の事業継続を助ける日本伝統の承継手法（のれん分け・社員独立）報告書」.

土屋勉男・金山権・原田節雄・高橋義郎（2015）『革新的中小企業のグローバル経営：「差別化」と「標準化」の成長戦略』同文舘出版.

中井信彦（1961）『幕藩社会と商品流通』塙書房.

中井信彦（1966）「三井家の経営：使用人制度とその運営（近世と商業経営）」社会経済史学会編『社会経済史学』31（6），pp.582-595.

中野卓（1978）『商家同族団の研究：暖簾をめぐる家と家連合の研究』上・下巻，第2版，未來社.

西原真弓（2015）「日本人の異文化コミュニケーション能力の育成に関する一考察」活水大学文学部編『活水論文集』58，pp.71-94.

根本孝編著（2004）『グローカル経営—国際経営の進化と深化』同文舘出版.

藤田英（1992）「3等立地でも繁昌するカレーハウス・チェーン」『流通とシステム』流通システム開発センター，1992年12月号，pp.17-25.

三戸公（1991）『家の論理（1）（2）』文眞堂.

矢崎武夫（1962）『日本都市の発展過程』弘文堂.

山岡雄己編著・フランチャイズ研究会著（2017）『飲食店「のれん分け・FC化」ハンドブック』アニモ出版.

Adler, N.J. (1991) *International Dimension of Organizational Behavior*, Boston: PWS-KENT Publishing Company.（江夏健一・桑名義晴監訳，IBI国際ビジネス研究センター訳『異文化組織のマネジメント』セントラル・プレス，1996年）

Dunning, J.H. (1977) "Trade, Location of Economic Activity and the MNE: A Search for an Eclectic Approach." in Hesselborn, Per-Ove, Bertil Ohlin and Per Magnus Wijkman (Eds.), *The International Allocation of Economic Activity*, London: Palgrave Macmillan.

Dunning, J.H. (1981a) "Explaining the International Direct Investment Position of Countries: Towards a Dynamic or Developmental Approach", *Weltwirtschaftliches Archiv*, Vol.117, pp.30-64.

Dunning, J.H. (1981b) *International Production and the Multinational Enterprise*, Crows: Allen and Unwin.

Dunning, J.H. and Lundan, S.M. (2008) *Multinational Enterprises and the Global Economy: Second Edition*, Cheltenham: Edward Elgar Publishing.

Gereffi, G., Humphrey, J. and T. Sturgeon (2005) "The Governance of Global Value Chains," *Review of International Political Economy*, 12(1), pp.78-104.

Hofstede, G. (1991) *Cultures and Organizations: Software of the Mind*, New York: Mc-

Graw-Hill.（岩井紀子・岩井八郎訳『多文化世界』有斐閣，2013年）

Knight, G.A. (2001) "Entrepreneurship and Strategy in the International SME." *Journal of International Management*, 7(3), pp.155-171.

Meyer, E. (2014) *The Culture Map: Decoding How People Think, Lead and Get Things Done Across Cultures*, New York: Public Affairs.（田岡恵監訳，樋口武志訳『異文化理解力―相手と自分の真意がわかるビジネスパーソン必須の教養』英治出版，2015年）

Theodosiou, M. and L.C. Leonidou (2003) "Standardization versus adaptation of international marketing strategy: an integrative assessment of the empirical research," *International Business Review*, 12(2), pp.141-171.

奥山雅之

第 6 章

中小サービス業における
海外展開のマネジメント

1. はじめに

　本章では，中小サービス業の海外展開の動きが進展していることに着目し，求められるマネジメントとは何かについて考察していく。GDPにおいて多くのウェイトを占め[(1)]，経済のサービス化の流れの中でプレゼンスを一層向上させているサービス業においては，その生産性の低さなどが問題視され，度々議論の的となっている。人口減少局面に突入し，内需の拡大があまり見込めない状況の中では，生産性向上を進めることは簡単ではない。

　そこで有効な対策として期待されるのが，サービス業における海外需要の獲得である。海外の旺盛な需要を取り込むことができれば付加価値の拡大が図られ，生産性向上の実現への近道となる。しかしサービス業においては，製造業などに比べ，海外展開に取り組む企業はあまり多くないようにみえる。企業が海外展開に取り組む際の手法としては，大きく分けて「輸出」と「海外直接投資」の2つがある。一般的には輸出の方がコストがかからないため，比較的取り組みやすい。一方で，海外直接投資は一定の投資負担が発生するため，海外という未知の市場ではリスクが高くなりやすい。サービス業の海外展開が比較的少ない要因の一つとして，輸出ではなく海外直接投資によらなければならないということが挙げられる。

　サービス業が海外直接投資によらなければならないというのは，サービス業特有の性質が背景にある。サービス財の特性として，「無形性」「同時性」「異質性」「消滅性」などが挙げられる（Looy *at el*., 1998）。中でも，サービスには目に見える形がないという「無形性」や，サービスの消費は提供と同時にな

---

(1) 2022年国民経済計算によれば，サービス業の比率は47.7%（実質ベース）。

されなければならないことを示す「同時性」などが強く作用している。そのため，製造業における製品輸出のような，国内にありながら海外市場にアクセスするという形態をとることができず，基本的には現地で何らかの拠点を構え，そこでサービスを提供する体制を構築していくことが必要となる。そのため，経営資源に限りのある中小企業のサービス業に着目する場合，海外展開に取り組むことは，乗り越えるべき壁が多いといえる。

　以上より，本章の問題意識として，中小サービス業が海外展開に取り組むにあたりどのようなマネジメントが必要となるか，という点を挙げる。文化や言語が異なる国や地域において，限られた資金や人材でいかにサービス内容を周知し，現地のニーズに適合するように対応することができるのか。事例企業へのインタビュー調査等を通して，大企業との比較を中心に考察していく。

2. サービス業の海外展開の現状について

　本節ではデータや文献に基づき，サービス業の海外展開がどの程度進展しているかといったことや，サービス業の海外展開における課題などを整理する。まずは，日本企業の海外展開について調査した統計である経済産業省の「海外事業活動基本調査」によって，現地法人の数や現地法人の売上高の推移を確認する。

　表6-1は，2011年と2021年における海外の現地法人の数を業種別，および企業規模別にみたものである。まず日本企業全体の動きをみると，製造業ではここ10年で+25.5％の伸びを示しており，非製造業でも+36.5％と高い伸びとなっている。非製造業の業種内訳をみても，農林漁業や鉱業以外はいずれも非常に高い伸びを示している。そして，その中でも最も高い伸びを示しているのが，サービス業である（+60.1％）。続いて中小企業についてみると，その伸びは各業種で高くなっている。製造業で+108.7％（約2.09倍），非製造業に至っては+217.0％（約3.17倍）となっている。非製造業の業種内訳をみると，全体と同じく農林漁業や鉱業以外で高い伸びとなっており，いずれも2倍以上

表6-1　現地法人数（業種別・企業規模別）

（単位：社）

	2011			2021			伸び率	
	全体	中小企業	中小比率	全体	中小企業	中小比率	全体	中小企業
製造業	8,684	1,831	21.1%	10,902	3,822	35.1%	25.5%	108.7%
非製造業	10,566	930	8.8%	14,423	2,948	20.4%	36.5%	217.0%
農林漁業	100	19	19.0%	78	26	33.3%	−22.0%	36.8%
鉱業	174	3	1.7%	131	3	2.3%	−24.7%	0.0%
建設業	279	11	3.9%	420	61	14.5%	50.5%	454.5%
情報通信業	550	21	3.8%	850	87	10.2%	54.5%	314.3%
運輸業	1,019	116	11.4%	1,432	443	30.9%	40.5%	281.9%
卸売業	5,318	596	11.2%	7,198	1,801	25.0%	35.4%	202.2%
小売業	589	38	6.5%	710	111	15.6%	20.5%	192.1%
サービス業	1,587	53	3.3%	2,541	225	8.9%	60.1%	324.5%
その他の非製造業	950	73	7.7%	1,063	191	18.0%	11.9%	161.6%

（注）国内の本社企業の資本金の額により中小企業か否かを判定している。
出所：「海外事業活動基本調査」（経済産業省）（表6-2も同じ）

の伸びとなっている。

　全体に占める中小企業の比率をみると，2011年で全体の1割にも満たない業種が多かったが，直近の2021年では各業種で比率は伸びている。ただし，本章で着目するサービス業については全体の8.9％と1割に満たない水準にとどまっている。

　表6-2は，海外現地法人の売上高の推移を示している。日本企業全体では，法人数の伸びよりも高い伸びを示しており，1企業当たりの売上規模が大きくなっていることがわかる。一方，中小企業をみると，業種によっては法人数の伸びを下回っている業種もみられる。運輸業や小売業，サービス業などがそれに当たる。1企業当たりの売上規模が小さくなっていることを示しているが，これは必ずしも事業の縮小を意味するのではなく，より小さな企業でも海外展開できるようになっている可能性も考えられる。

　中小企業の占める比率は売上高ベースでみるとさらに比率が低く，0.5％となっている。製造業では4.2％，運輸業では8.9％となっていることから，サー

表6-2　現地法人の売上高（業種別・企業規模別）

	2011			2021			伸び率	
	全体	中小企業	中小比率	全体	中小企業	中小比率	全体	中小企業
製造業	88,289,996	2,317,954	2.6%	139,441,614	5,876,884	4.2%	57.9%	153.5%
非製造業	82,577,614	788,322	1.0%	150,854,617	3,298,834	2.2%	82.7%	318.5%
農林漁業	152,517	4,896	3.2%	—	—	—	—	—
鉱業	2,807,730	—	—	—	—	—	—	—
建設業	962,676	—	—	2,158,997	14,677	0.7%	124.3%	—
情報通信業	2,015,200	1,204	0.1%	3,523,248	8,400	0.2%	74.8%	597.7%
運輸業	2,084,453	151,592	7.3%	6,128,089	548,448	8.9%	194.0%	261.8%
卸売業	68,035,352	588,402	0.9%	114,654,141	2,617,085	2.3%	68.5%	344.8%
小売業	5,544,575	27,801	0.5%	12,080,346	50,462	0.4%	117.9%	81.5%
サービス業	4,898,034	19,323	0.4%	14,468,793	74,439	0.5%	195.4%	285.2%
その他の非製造業	7,451,581	—	—	6,601,361	—	—	-11.4%	—

（注）　1. 棒線は秘匿情報等を含むために集計不能。
　　　　2. 非製造業合計は，秘匿情報を含む業種（農林漁業，鉱業，建設業，その他の非製造業）
　　　　　を除く。

ビス業において中小企業が今後活躍する余地は非常に大きいということがいえよう。

3. 先行研究レビュー

(1) サービス業の分類

　サービス業はその内容が幅広いため，いくつかの基準によって分類し，分析されてきた。Vandermerwe and Chadwick（1989）は，世界市場にサービスを展開する経営者のための指針として，サービスの国際化の様式と戦略を示す分類体系を提案している（表6-3）。具体的には，サービス提供者と消費者の間の相互作用の度合いといったサービスの性質による分類と，サービスが商品に具現化されているか，あるいは商品を通じて提供されているかの度合いといった，サービスの提供方法の分類によって組み合わせをつくり，それぞれのカテゴリーに応じた戦略があるとする。

表6-3　サービス業の国際化の分類

モノの関与の程度		消費者と生産者の相互作用の程度	
		低い	高い
モノへの依存が低い "純"サービス		宅配便 包丁研ぎ	コンサルティング 教育 広告 保険 医療
モノを使ったサービス or モノを介して運ばれる		ホテル 航空 船舶 小売	銀行 旅行 メンテナンス
モノに体現された サービス		ビデオ（映画） CD（音楽） オンラインニュース	通信販売 電子診断

出所：Vandermerwe and Chadwick（1989）を基に筆者修正

　Lovelock and Yip（1996）はサービス業を分析するにあたり，製造業とは異なるという点では同じだが，すべてのサービスは同じでないと考え，三つに分類してグローバル戦略を検討した。一つ目は人的処理サービスであり，顧客に対して直接的に有形的な行為をする。旅客輸送，ヘルスケア，フードサービス，宿泊サービスなどがそれにあたる。二つ目は所有加工サービスであり，物理的な対象物に対して，顧客にとっての価値を向上させるための具体的な行為を行う。例えば，貨物輸送，機器の設置やメンテナンス，自動車の修理，洗濯などである。そして三つ目は情報系サービスで，会計，銀行，コンサルティング，教育，保険などであり，サービスの生産における顧客の関与は，最小限となっている。

　Blomstermo（2006）は，参入形態を検討するにあたり，サービス業をハード・サービスとソフト・サービスに分類している。ハード・サービスとは，ソフトウェアや建築サービスなどに代表されるような業種であり，そのノウハウ

を文書や何らかの媒体に移転させることができたり，標準化したりすることが可能なサービスを指す。一方，ソフト・サービスとは生産と消費が同時に発生し，分けることができないような業態であり，ホテルや経営コンサルタント，病院などに代表される。サービスの供給者と需要者の地理的な近接性が必要となる。そして実証分析によって，ソフト・サービス企業は低コントロールの参入モードよりも高コントロールの参入モードを選択する可能性が高いことを明らかにした。高コントロールの参入というのは，人的な関係性を構築したり，現地調査を入念に行ったりして，海外市場のニーズにこまめに対応するものである。すなわち，ハード・サービスの提供者は製造業の海外進出の経験から学ぶことができるが，ソフト・サービスは全く異なる観点が必要であるということであり，文化的距離が大きくなるにつれて，その傾向は強まる。

(2) 国際化のマネジメント

　伊丹ほか（2017）は，日本企業が日本的サービスを海外へ移転し，現地の顧客を獲得するためには，いくつかの超えなければならない壁があると指摘する。その1つが海外の顧客の説得の難しさで，もう1つがその供給体制づくりの難しさである。後者は日本的サービスを提供する際の現地の社会インフラに関するもので，事業インフラや労働市場などである。日本的サービスを提供する際に，受け入れる側でそのサービスを支える施設，設備などが整備できているか，また現地で適当な人材が存在するかどうかといった問題である。前者は日本的サービスのよさを現地の従業員や顧客に理解され受容されるかどうかにかかわるもので，これを実現させるためには，そのためのメッセージの伝達手段や文化的受容性といった乗り越えるべき壁がある。日本的サービスの国際移転は，企業の組織文化の移転でもあるが，その移転を進出先の国の文化を軽視して強引に行うと，現地の人々から反発や拒絶を受けることは必至である。それゆえ，日本的サービスの国際展開には進出先の国の文化を理解しつつ，時間

をかけて慎重に行う必要がある。そして事例の4社[2] については，その日本的サービスを国際移転する場合に，進出先の国の文化に十分に配慮しつつ，現地の従業員や顧客との密接なコミュニケーションに努め，その「見える化」によって，彼らや彼女らの理解を得ようとしている。そして，今後日本的サービスを広げていくための課題として，そのような役割を担う人材の育成を挙げる。

　星田（2020）は，理容チェーンであるQBハウスのシングルケースにおいて，その海外展開の様子を観察することで，国際化におけるオペレーションの検証を行った。チェーンオペレーションを行うサービス業が継続的に進化を遂げるためには，全拠点を結ぶ共通の価値観を規定し，それに向けて各拠点の従業員の意識が向かうようなメカニズムを作ることが有効な政策であるとする。

　宮下（2011）も，旅館業を営む加賀屋のシングルケースによって，海外で行う旅館サービスの成功のポイントを検討した。接客係社員をはじめとした社員教育を如何に成功させるかが重要であるが，加賀屋では現地での教育には限界があるとして，可能な限り日本の風土と環境の中で教育を行うことを考えている。また日本の旅館独自の“おもてなし”という概念は，客室係にスキル化した模倣の難しい暗黙知が内在しているが，この暗黙知を形式知化して関係部署間で共有し，組織的サービスに転化していくプロセスが組み込まれているとした。また，関係全部署が必要情報を共有することでおもてなしサービスの実現が可能になるため，客室係の暗黙的情報は共有できる形式的情報に変換されるプロセスが必要となる。加賀屋ではこの変換のプロセスを，フロントを介した情報共有システムの構築等で可能にしている。

（3）小括

　以上，先行研究をレビューした。主に製造業の国際化を対象に構築されてきた理論をそのままサービス業の国際化に当てはめることは，その業種特性から難しいため，サービス業独自の国際化のフレームワークが構築され，適用され

（2）良品計画，大戸屋，セコム，公文教育研究会の4社であり，いずれも大企業。

てきた。参入後のマネジメントに関する研究については，大企業の事例研究に基づいたものや，サービス業の中でも特定の業種，あるいはシングルケースによる研究などがみられる程度となっている。

　さらに，サービス業の研究においては，一口にサービス業といってもその業種内容の幅が広いことから，何らかの基準によって分類し，各々について分析する手法がみられる。それらの多くに共通する分類基準は，モノ（goods）に依存する業種か否かという点である。そして，モノへの依存が低い方が生産と消費の同時性が高く，そのマネジメントはより難しくなるとされている。

　ただし，ここでいう"モノへの依存"には，二つの依存の形があることには注意が必要である。1つは，サービスそのものがモノに具現化されているか否か，という点である。例えば，サービス業を広義で捉える場合，小売業や飲食業などもサービス業に含めることがある。その際，サービスの対象となるものは，小売業であれば店頭に並べる商品であり，飲食業であれば提供する食べ物ということになる。そうした業態の場合，顧客にサービス内容を説得する上において，モノの助けが非常に大きくなり，どちらかというと製造業と似たような事業展開が可能となる。極端に例えれば，サービスの提供側が黙っていても，対象となるモノ自身がサービス価値を体現しているため，顧客がそれを利用（消費）することによって，サービスの良し悪しを判断することができるのである。そして，これとは逆に，サービスそのものがモノに依存しない形態については，Blomstermo（2006）が指摘するところの"ソフト・サービス"と言い換えることもできる。

　もう1つの依存の形とは，サービスを提供する際に，その媒体や設備としてモノをどれだけ活用するか，という点である。例えばコンサルティングサービスを提供する際に，提供するサービス自体はノウハウであったりビジョンであったりと，いわゆるモノではないが，それらを説明したり理解を促したりするためには，専用のソフトウェアを構築してシステマティックに結論を導くことができるようにしたり，「見える化」を強化したりする場合がある。あるいは顧客に提示するためにプロジェクターを使用したり，場所を選ばないタブ

レットを使用したりすることもある。あるいは，会場を格調高い場所に設定することで，説得力を高めることもできる。

　本章の問題意識は，サービスの特性の中でも特に無形性や同時性といった面が，サービス業における海外展開の難しさをもたらしていると考える。表6-3の右上のカテゴリーに示されるような，サービスそのものがモノに具現化されておらず，なおかつサービスの提供の際に消費者と生産者の相互作用の程度が高いとされる領域である。いわゆるソフト・サービスと称される領域であり，そこに研究対象を絞る。文化や言語が異なる国や地域においてもソフト・サービスの内容を周知し，現地ニーズに適合するように対応しながら支持を得ていくためのマネジメントについて検討していく。特に，経営資源に限りのある中小企業が対応していくためには，何らかの工夫が必要となると考えられる。

　次節では，そうしたソフト・サービスで海外展開に取り組む中小企業3社のインタビュー結果を紹介する。それぞれの業種は，教育，美容，フィットネスである。

4. インタビュー結果

(1) 株式会社しちだ・教育研究所

業　　　種：幼児・小中学生・大人向けの教育教材の研究開発・制作，通信販売
　　　　　　妊婦・幼児・大人（シニア）向けの通信教育の実施
　　　　　　幼児・小学生を対象にした七田式教室の国内外での運営

本社所在地：島根県江津市

創　業　年：1978年

従業員数：85名

資　本　金：2,000万円

進　出　国：シンガポール，マレーシア，インドネシア，タイ，カナダ，オーストラリア，香港，中国，ベトナム，ラオス，ミャンマー，カンボジア，イギリス，ルーマニア，韓国，インド

① 企業概要

同社は幼児・小中学生・大人向け教育教材の開発・販売，妊婦・幼児・大人（シニア）向けの通信教育を行う。また国内外で展開する七田式教室の本部機能を担い，各オーナーに，運営及び教務的なバックアップを行い，レッスンプログラムやレッスン用教材の開発提供を通して，七田式教育の実践を図っている。七田式教育とは，創業者でもある七田眞氏が開発した独自の教育理論に基づく教育法であり，知識教育のみならず，感性や心，食の教育も含めて，右脳と左脳のバランス教育を提唱している。

海外へは，2000年の台湾教室の開設を皮切りとして，アジアを中心にカナダやイギリス等にも進出し，現在では16の国と地域で展開している[3]。教室数は，日本国内は231カ所，海外は90カ所に上る（いずれも2023年9月時点）。生徒数では国内が約17,200名，海外が約20,000名と，海外の方が上回っている（いずれも2023年9月時点）。

② 海外展開に至る経緯

海外展開のきっかけとしては，後に台湾教室のオーナーとなる女性から，台湾での教室展開に関する問い合わせがあったことに始まる。日本への留学経験のある同人が，自国で我が子に七田式を受講させたいが台湾に教室がなかったため，自らがオーナーとなれないかと打診してきたという。

社内で検討した結果，オーナーに求める資質としては教育に対する情熱に加え，必要な人材を確保できる能力，それから資金力という3つが挙げられることを確認した。現状では専業主婦であったが，わざわざ日本本社まで来て現地での教室開設を要請してきたという点で情熱は十分に持っていると判断した。それから彼女の夫が，現地では有名な建築士であり，資金面でも安定している点も重要視した。

---

(3) 台湾教室は，オーナーの健康上の理由により2021年に閉鎖している。

③ 進出にあたっての苦労

〔**教材のアレンジ**〕幼児期の間に身につけておくべき基礎的な概念として，文字や数量，ちえ，時間やお金といったものがあり，それらを網羅的に教えられるようなカリキュラムとしている。海外で使用する教材については，英語の標準カリキュラムをベースに，各国の言語に置き換えていく。文化の違いなどから，単に翻訳すればいいというものではなく，例えば「ちえ」という概念では，家に入る際には靴を揃えて脱ぎましょうという内容も，靴を脱ぐという習慣がない国では，そのままでは通用しない。一方で，何かをもらったら感謝を表現するということは各国で共通している。そうした文化や習慣に対応したアレンジは，各国のオーナーが主体となって，日本の本部と調整しながら作り上げていく。

〔**文化・法制度への適合**〕例えばイギリスにおいては，日本でいうところの塾という概念がない。そのため当初は，何のために学校以外で教育を行う必要があるかを説明する必要があるなど，集客に苦労した。またイギリスでは，幼児を一定時間滞在させる空間に必要な条件が厳しく設定されており，なかなか教室開設の許可が下りなかった。苦肉の策として，もともと許可が下りている物件を借りることで解決したが，結局，開設までに2年以上かかった。今では多くの児童が来るようになっているが，単なる学力強化だけでなく，礼や規律も重点的に教えているという点が，イギリスでも高く評価されている。

〔**プロモーション**〕七田式というブランドがあまり浸透していない国での効果的なプロモーションとしては，実際の効果を動画等で見せていくということが挙げられる。例えば，4歳の子供が円周率を300桁まで暗唱している姿を見せると「なぜそんなことができるのか？」となるが，それがあなたの子供でも楽しみながらできるようになると説明すれば，強い関心をもつようになる。

〔**行政対応**〕中国での事業展開においても，模倣対策や行政対応などに苦労した。七田式というブランドを強烈に押し出すために，ショッピングモールの1フロア全てを同社の教室で埋めるという計画で進めていた。中国は消防法が厳しいため，事前に担当窓口としっかり相談して設計したにも関わらず，オー

プン間際になってやはり問題があると指摘され，結局は1ヵ月ぐらい開業が延期となった。現地オーナーの人脈等を駆使して何とか開業に漕ぎつけたが，1ヵ月の家賃が余計なコストとして発生するなど，資金繰りも大変な思いをした。

④ 運営上の工夫

〔模倣対策としての商標登録〕進出する国ごとにおいて，事業展開を始める前に商標登録を完了させるようにしている。事業の性格として特許が取れないため，形式的に真似しようと思えば簡単に真似されてしまう。したがって，各国のオーナーが安心してビジネスを行うためには必要不可欠な対応となる。

登録の手続きには時間も費用もかかり，長ければ1年ぐらいかかる。そのため，進出する可能性が出た段階で，早めに手続きに動き出すようにしたり，進出可能性の高い国に対しては，具体的な話が進む前から動き出したりしている。同社内に法務責任者を置き，外部の弁理士と協力しながら手続きを進めている。

〔講師のライセンス制度〕教育の質の維持のため，同社が付与する初級ライセンスを持たないと教室で指導できないように定めている。講師の採用に当たっては，講師に適した人材の条件を本社から明確に打ち出しているが，国によって採用の方法などが異なる面もあるため，具体的には各国のオーナーに委ねている。採用したら，まずはメソッドの理論的背景や具体的な指導法についての講習を行う。講習の講師は中級以上のライセンス保持者が務めることができるが，各国のオーナーには中級以上の取得を条件としている。そして初級ライセンスを付与するかどうかの最終判断は，日本にいる限られた数名の認定員が現地に出向いて行う。

〔オーナーとの関係性の維持〕フランチャイズ制をとっているため，各国のオーナーからロイヤリティを徴収しているが，その水準は日本国内の業界基準と比較しても低めに設定している。教材の翻訳や宣伝活動など，オーナーに委ねている部分が少なくないという点などが理由であり，どちらかというと本社

とオーナーが各国での事業を共同で作り上げているという意識をもっている。

〔異なる文化への対応〕イスラム教徒が講師の場合，お祈りの時間には勤務できない。全員がイスラム教というわけではないので，イスラム教でない人はフォローしなければならず大変だが，そこは宗教上の行動であればやむを得ないと考えている。

⑤ 国内事業への還流

国内での事業が拡大していく中で，同社のやり方を真似する企業が増えてきた。またあるいは，同社の国内のフランチャイズ教室においても，オーナーが独自のアレンジを加えて指導するといったこともみられるようになった。そうした模倣や独自のアレンジによって，教育において最も重要である効果という面において，様々な結果が生じるようになってきた。その結果，何をもって七田式というのか，という問題が生じるようになってきた。

そうした中で海外に目を向けると，文化も言語も全く異なる環境下であっても，教えるべき内容やタイミングが日本とそれほど変わらないということがわかってきた。すなわち，環境が変わろうとも同じように働きかけられる教育こそが本物であるという認識ができ，七田式として守るべき確固とした手法を築き上げることができてきた。

⑥ 振り返って

高い水準の教育を各国で展開できているのは，講師の力量に加えて，同社独自の教材に圧倒的な特徴があるからといえる。例えば，数字や文字，イラストのカードを瞬時にめくっていき情報を入力する"フラッシュカード"のシステムなどをはじめ，子どもが関心を持ち続けられるような教材を意識して作っている。教材がしっかりしていれば，仮に講師の能力にばらつきがあろうとも，間違った方向に進むことには決してならない。

また，同社の企業規模があまり大きくないこともプラスに働いている。大企業であれば各国に応じた微妙なアレンジが簡単ではないかもしれないが，同社

では柔軟な対応を迅速にとることができるのが強みとなっている。

(2) 有限会社パドリング

業　　　種：美容室の運営
本社所在地：東京都渋谷区
創　業　年：2001年
従業員数：10名
資　本　金：300万円
進　出　国：マレーシア，シンガポール，インドネシア

① 企業概要

　同社は，東京都渋谷区の表参道に本店を構える美容院の運営会社で，屋号は「Number76」。表参道の店舗ではカフェも併設し，顧客に総合的なくつろぎの空間を提供している。国内1店舗のほか，マレーシアに4店舗，シンガポールとジャカルタ（インドネシア）にそれぞれ1店舗を有する。進出年はそれぞれ，マレーシアが2011年，シンガポールは2017年，ジャカルタが2020年。マレーシアは最大6店舗あったが，コロナ禍で2店舗を閉鎖し，現在は4店舗となっている。

② 海外展開に至る経緯

　創業から10年近く経過した頃，表参道の店舗運営はまずまず軌道に乗っていた。しかし，土地柄から競争環境が常に厳しく，資金繰りは決して楽ではなかった。そうした中，海外でのビジネス展開を何となく模索し始めていた。成長が見込まれる市場であることに加え，代表の浜口氏がこれまで日本で出会ったアジアの美容師はいずれも勉強熱心であり，教育すれば大きく伸びるのではないかという期待感もあった。

　いろいろな国に視察に訪れる中，たまたま出会ったマレーシア人の美容院オーナーと意気投合し，しばらく不定期で働いてみないかと誘われた。そこか

らは約2年間にわたって，日本のサロンとマレーシアのサロンを約2週間ずつ
の期間で行き来するという生活を続けることとなる。往来にかかる渡航費用
や，体力的にも負担感はあった。しかし，マレーシアの市場を現地でしっかり
確認することができたため，サロン経営に関する制度的なことから感覚的なこ
とまでを含め，多くのことを知ることができた。例えば，公用語はマレー語だ
と聞いていたが，実際に現地の人との会話のほとんどは英語だったりとか，美
容院のあり方がどちらかというと病院のように"施術"するといった感じで
あったりといったようなことを把握することができた。

　そうした二拠点生活が2年を経過した頃，勤務していたマレーシアの店舗を
譲り受けてもらえないかとオーナーからもちかけられた。しかし，日本人がほ
とんどいないエリアであったためチャレンジングであった。現地で日系のサロ
ンがやっていけている大きな理由は，日本人の駐在員などが継続して通ってく
れるということがある。日本人がいない地域での出店は厳しい船出が予想され
た。それでも，一から物件を探して内装業者も見つけ，役所で手続きするなど
の段取りを考えると，店舗の譲り受けは非常にスピーディーで効率的に出店で
きる選択肢であったため，承諾した。

③ 出店の際の苦労

　出店に際して，スタッフの募集はソーシャルメディアを用いて行った。現地
でのソーシャルメディアの普及率は非常に高く，日本人に特化した人材派遣会
社や日系企業への就職を希望する人達のコミュニティが当時から構築されてい
た。役所の手続きにおいてはマレー語が必要となるため，英語もマレー語も使
える中華系のスタッフを雇って，手続きを手伝ってもらった。

　現地の市場動向についても，事前にリサーチを行った。ジェトロに依頼して
美容院市場のデータを入手し，傾向を把握した。ただし，そうしたデータは最
新でも3年前のものであるなどタイムラグがあるので，現地で働いていた時に
把握した最新の動向を加味した。客単価や家賃相場についても，周辺の店舗情
報や日本の相場などと感覚的に比較して検討した。

シャンプー台や椅子，鏡といった内装品は，日本国内だと既製品のパッケージとして調達できるが，マレーシア国内では販売していないため全て日本から輸入しなければならず，日本より割高で調達せざるをえなかった。しかし現在では，製造元である中国の工場と交渉し，直接輸入することで，割安で調達できるようになっている。

④ 運営上の工夫

浜口社長の英語力は流ちょうではなかったという。しかし，身振り手振りを交えることで，何とか客とのコミュニケーションを取ることができた。

現地スタッフの評価については，すべての評価基準をガラス張りにして，完全にフェアにしている。企業理念や社長の創業時からの想い，他社と比べた自社の特徴や顧客の求めている内容などを全スタッフにしっかり伝えている。こうした結果，海外店舗の役職者はほとんどが現地人スタッフとなっている。現地人は「使われている」と感じるとモチベーションが高まらないが，チャンスを公平に与えられていると感じると，持てる能力を十分に発揮する。

現地スタッフも多く雇用しているが，文化的な違いにどう対応するかに苦労した。働くことに対するスタンスの違いは大きく，休憩時間などは自分の権利としてはっきり主張し，いくらお客がいようと，休憩に入ったりしてしまうこともあった。そのため，お客様優先の姿勢ということをまずは徹底的に教え込んだ。

また，日本では当たり前の研修制度についても，現地の文化において導入することは簡単ではなかった。採用されてから当面はスタイリストの補助として業務を行い，業務時間が終わってから，シャンプーやパーマ，カット等の練習を行う。こうした研修の期間が，早い人で2年，長い場合で5年かかることもある。現地では，スタイリストについての日本のような国家資格はなく，採用された瞬間からスタイリストとして扱われることが常識のため，こうした研修制度に耐えきれずにすぐに辞める人も少なくなかった。一方で，そうした学びの重要性を理解するスタッフもおり，そうした真面目な人間が残っていく。

日本流のおもてなしの接客や清掃についても，現地で同じようにやっている。マレーシアでは，美容院は単に施術してもらう場所であり，病院と似たようなイメージがある。美容師はアーティストであり，客はアーティストの思うように施術してもらい，美容師に対して意見を述べるようなことはあまりない。同社はそこに着目し，美容院にカウンセリングという観点をもちこんで，顧客の要望を聞きつつ，美容師のアドバイスを交えながら，共に創りあげていくような場所づくりを意識している。内装もカフェのような雰囲気にすることで，話しやすい環境としている。マッサージやシャンプーも，チップを求める代償として提供するのではなく，本当に気持ちよくなってもらおうという意識で対応している。こうした取組みが現地サロンと差別化できた要因であるといえる。店舗の清掃も，現地では清掃はメイドがやることだという意識が強い。それに対して，自分たちで身の回りの環境をきれいにすることの意義をきちんと説明することで，清掃もきちんと行うようになり，意識も変わってきているという。

⑤ 国内事業への還流

海外に出店していることから，サロンのホームページについて，英語版も公開している。それによって日本に来た外国人がよくお店に来るようになり，今では表参道の店舗の客の7割近くが外国人となっている。日本に長期で滞在している外国人は当然，日本で髪を切りたいという要望があるが，探す手段がほとんどない。東京であっても，外国人に対応した情報を発信しているサロンは数えるほどしかないし，外国人ときちんとコミュニケーションをとれるサロンに至っては，ほとんどないという。そのため同社では，4，5年前から日本人スタッフの英語力の向上も図っている。スカイプを用いた英語レッスンの受講を奨励したり，翻訳機や翻訳アプリなどを活用したりしている。今後は，外国人の美容師を雇ったり，海外で働いていた経験のある人材を日本に招き入れたりすることも考えている。

⑥ 振り返って

日本流の美容サービスを行っている店舗は現地にいくつかあり，日本流を徹底して実践しているサロンは顧客からの支持を得られているが，雰囲気だけ取り入れているような店舗はあまり集客できていない。大事にすべき箇所をわきまえていないと支持されることはない。

超えられない壁としては，薬剤等の調達の難しさがある。国によって輸入できるものとできないものが法律上の扱いで異なっていたり，輸入の手続きも国ごとで要する時間が大きく異なったりしている。例えばシンガポールでは1時間で済むことが，マレーシアでは3カ月以上かかる場合などがあるため，トレンドに乗じたスピード感のあるファッションを提供できないことがある。また，どうしてもコンテナ単位の物流が優先される傾向があるため，まとまった規模の事業を行っていない場合は，様々なアイデアに基づきいろいろな薬剤を取り寄せたくても，思うようなタイミングで入手できないことがある。

(3) 株式会社東京アスレティッククラブ（略称：TAC）

業　　　種：会員制総合スポーツクラブの運営，公共スポーツ施設の受託運営
本社所在地：東京都中野区
創　業　年：1969年
従業員数：430名
資　本　金：5,000万円
進　出　国：マレーシア

① 企業概要

同社は1970年，東京都中野区で日本初の会員制総合スポーツクラブを開業した。以後，スポーツクラブやフィットネススタジオの直営のみならず，公共スポーツクラブの指定管理者としての運営や，介護・保育分野にも事業を拡大している。2023年8月時点の直営スタジオは関東や関西を中心に15施設あり，公共・民間の受託施設は，北は宮城県から南は熊本県まで39施設ある。売上

比率は，直営が約45％で，受託事業が約55％となっている。

② 海外展開に至る経緯

　対価を支払って運動施設を利用する人の割合は，欧米では国民の10～15％
程度存在している一方で，日本は国民の3％程度というデータがある。人口減
少局面にあることを考えると，売り上げを増やすには客単価を上げていくしか
方策がない。国内だけで展開して生き延びることは容易ではない事業環境であ
るため，海外に目を向けることを意識するようになった。長年の実績に基づく
施設運営のノウハウがあることや，海外でのスポーツ指導歴のある役員が在籍
するなど海外市場についての知識もあることから，一定の勝機を見込んだ。
　進出国の検討にあたっては，今後の成長性を踏まえて東南アジアをターゲッ
トとした。特にマレーシアでは，20歳以上の国民の約40％が生活習慣病にか
かっているとのデータがあった。同社が長年，生活習慣病を改善することや健
康寿命を延ばすということを事業目的の一つに据えてきたため，同社の強みを
活かせるとも判断した。
　現地法人の設立にあたっては，日系企業の海外進出を支援する株式会社国際
開発センターという組織からの出資を受けた。設立当初の株主構成としては，
同社が60％で株式会社国際開発センターが40％となっていた。同センターは
語学力に長けており，法人設立にあたって必要な書類作成等の支援を行ってく
れた。

③ 進出にあたっての苦労

　海外事業の検討を開始したのが2018年7月のことである。それから，現地
での市場調査を5，6回行った。まだ出店地が具体的に決まっていない中で，
マレーシア国内で同業がどのような事業展開をしているかということや，現地
で必要な資金調達をどのように行うかということの検討を進めた。
　出店場所は，ターゲット層を強く意識して選定した。想定した顧客割合は，
現地の富裕層が6割，日系企業に勤める日本人が4割である。クアラルンプー

ルに日本人や韓国人が主に居住するベッドタウンがあるが，そうした場所に出店してしまうと日本人以外の現地人の利用者が限られてしまうので，あえてそうした場所からは少し離れたところで検討した。また，現地の富裕層が来店しやすくするため，バレットパーキング⁽⁴⁾を備えた商業施設に狙いを定めた。

　出店候補地が決まると，商圏内の年齢別の人口分布などの詳細な商圏分析に取り組んだ。はじめは，現地の公的な統計データを入手して検討していたが，データが古いのか，実態を全く反映していないことが判明した。自分たちで歩いて実測したり，現地の詳しい人にヒアリングなどを実施したりしたため，商圏分析に時間がかかった。また業態としては，溶岩石を用いた「溶岩スタジオジム」という形態を計画していたが，現地ではそうした溶岩石を用いたホットヨガなどの施設が商圏内に存在しないことも確認した。

　2020年4月に施設のオープンを予定していたが，その直前から新型コロナウィルスの感染が拡大し，オープン予定の前月からクアラルンプールでロックダウン（都市封鎖）が行われ，現地入りすらできない状況となった。その後も感染状況が緩やかになったり拡大したりという状況を繰り返す中で，テナントオーナーに賃料の一部免除を要請して凌ぎながら，2021年4月からは施設を無料公開して会員募集を始めた。そして2023年6月，通常営業を開始した。

④ 運営上の工夫

　〔人材確保〕従業員の採用に関して，現地では転職を10回，20回と繰り返すことがキャリアの形成につながるとみる文化がある。そのため，すぐに辞めてしまわないように，アメとムチを与えるよう工夫しており，その一つとして個人目標の設定が重要となる。毎月のレッスンの指導回数や新規会員獲得数などの目標数値を設定し，達成できたら管理職が褒めたり，達成度合いに応じて報酬を引き上げたりといった形でモチベーションの向上を図っている。年に2

---

(4) 施設の入り口で車と鍵を預けたら駐車をしてくれて，帰りには玄関まで車を届けてくれるというサービスを備えた駐車場を指す。

回は業績に関する面談を行い，個人データに基づいた話し合いを行っている。

　現地で採用した人材は，まずは日本の店舗に招いてプログラムの内容や教え方を約2カ月にわたり指導する。定められた時間内でしか働こうとしない人材も多い中，日本の店舗で日本人スタッフが責任感を持って指導している姿を実際にみせると，少しずつ意識が変わっていくという。

　〔**サービス浸透の戦略**〕単独でトレーニングを開始した客などに対して，トレーナーがマンツーマンで指導する「パーソナルトレーニング」に誘導していくようにしている。定期的にコミュニケーションをとれるような状態にしておくことが多くの人がすぐに辞めてしまわず健康維持を実現してもらうためのノウハウである。

　〔**新たな取組み**〕現地での新たな取組みとして，マレーシア政府の教育省の協力の下，予防医療のための身体測定業務を開始する準備を整えている。決して高度な測定ではなく，深部体温や肌の状態，それに血圧や血流，体脂肪率などを測定し，30分もかからずに結果が出る仕組みである。測定によって結果を可視化することで動機付けを行い，運動を継続させることができるという考えに基づいて取り組んでいる。

　政府の協力の下で，必要な設備は各保健所に測定装置を設置してもらう。マレーシアの全土で展開していくことができれば，同社は設備にまとまった投資をする必要がなく，測定サービスのノウハウの提供にかかる料金を収受することができる。行政側も，予算を負担するものの，10年後の医療費が大幅に抑制されるという効果を期待している。同社としても，創業者が作った仕組みと強みを活かし，保険制度が十分整備されていない国において，一人でも多くの人の健康を図るという企業理念を体現することができる。

⑤ 国内事業への還流

　まだ現地のビジネスは端緒についたばかりであり，日本へ還流させるという段階にはない。しかし，新たなマーケットの存在や特徴を理解したことによって，新規ビジネスの可能性を探ることができている。具体的には，マレーシア

人の健康状態には改善の余地が多くあることから，日本で進化している低糖ス
イーツなどを輸出して現地で販売できれば，多くの人の支持を得ることができ
るとともに，現地の人々の健康状態の改善に資することができる。そうしたビ
ジネスのヒントを，海外展開によって得ることができている。

⑥ 振り返って

今後の海外事業の展開としては，単純に店舗を増やすというビジネスは投資
負担が増えることから，考えていない。日本国内と同じ，あるいはそれ以上
に，投資リスクを意識して分散型の事業を展開する。測定業務に関しては，一
国におけるマーケットはそれほど大きくないため，マレーシアで常軌化できれ
ば，インドネシアやタイなどでも展開していきたいと考えている。

5. 海外マネジメントのポイント

本節では，前節で紹介した各事例に基づき，中小サービス業の海外展開にお
いてみられるマネジメントのポイントを，進出の各段階についてまとめていき
たい。

(1) 現地市場への理解

海外事業を成功させるためには，まずは現地の市場を熟知することが重要と
なる。特に本章で着目した相互作用の高いソフト・サービスを展開する場合，
現地の人々の嗜好や文化，考え方などまで理解しておく必要があり，日本での
やり方をそのまま適用しても通用しないことが考えられる。

しちだ・教育研究所は，現地人をオーナーとするフランチャイズ制度を採用
することで，現地を熟知するオーナーのアドバイスの下に教材を作り上げるな
どによって，現地市場に対応した運営を可能としている。パドリングでは，経
営者自らが2年間にわたって現地サロンに定期的に通うことで，現地の文化の
みならず，美容院のあり方のようなものまで理解することができ，その後の経

営戦略に役立てている。

　またパドリングとTACでは，現地市場に関する公的な統計や調査データを入手して分析を試みているものの，いずれも調査時点が数年前と古く，移り変わる現在の情勢を正しく反映していない内容となっていて，結局はそのままでは使用できないという困難にも見舞われていた。

(2) 立地条件や出店戦略

　顧客との関与の程度が事業の成功を左右するソフト・サービスにおいては，店舗の立地条件や出店にあたっての戦略というものが重要となってくると考えられる。パドリングの海外第1号店の立地場所については，決して良い条件ではなかった。日本人が近くにほとんど住んでいないエリアであり，日本企業がアドバンテージを活かせる条件ではなかったからだ。そこで同社は日本流のおもてなしのサービスを徹底するなどによって他社との差別化を明確にすることで，現地に人々から支持されるようになった。

　またTACでは，ターゲット顧客の過半を現地の富裕層とすることを明確に定めていたため，あえて日本人街から少しだけ離れた地域に出店した。また富裕層が来店しやすくするために，駐車代行サービスの付いているショッピングモールに狙いを定めた。

　しちだ・教育研究所はフランチャイズ制をとっていることから，各国の事情に詳しい現地人のオーナーに出店場所の選定や広告宣伝活動の実施を委ねている。

(3) 言葉の壁

　海外展開では，言語の違いが顧客とのコミュニケーションにおける最大の障壁となる。また出店手続きに必要な書類等にも，一定の語学力が必要となる。人材面でも限られている中小企業においては，必ずしも語学に長けた人材がいるわけではない。

　パドリング代表の浜口氏は，現地公用語の英語が必ずしも流ちょうに使いこ

なせたわけではなかった。身振り手振りを交えながら，相手の伝えたいことも理解しようと努めた。浜口氏いわく，業種柄，顧客とのコミュニケーションにおいて会話はそれほど必要でもないという。また出店の際の諸手続きに必要なマレー語での書類の記入については，先行して雇用した中華系の現地人に協力してもらい作成したという。

　TACでは，出資企業側に語学に長けた人材が存在していたため，現地の役所に提出する資料などの作成支援を依頼し，作成することができた。

(4) 人材の教育

　パドリングでは，業後に職場で自発的に技術を磨くという習慣がなかった国において，自ら技術を磨きたいと思わせる仕掛けづくりを工夫した。まずは，ある程度やる気のある人材を採用しても，やはり業後の研修に馴染めずに辞めていく人材は多かったが，根気よく続けていくことで，本当にやる気があって，日本のプロ意識を自分も学びたいと考える人材が残っていって，業後の研修が特別なことではない雰囲気づくりができていった。さらに，従業員の評価体系をオープンにして，完全にフェアにすることで，実際に実績を上げて待遇がみるみる改善していく同僚を目の当たりにして，従業員一人一人のモチベーションを高めていくことに成功している。

　しちだ・教育研究所では，講師の質を維持するために，ライセンス制度を設けている。一定の研修を受講し，さらには日本本社の認定員自らが出向いてテストを行い合格した者だけが，各段階のライセンスを取得できる仕組みとしている。

　TACでは，雇用したトレーナーを一度日本へ連れてきて，日本国内でどのようにサービスを行っているかを実際にみせることで，スタッフとしての責任感を醸成している。また各自の目標や実績を年2回の面接によって話し合うことで，モチベーションを高める工夫を行っている。

(5) サービス浸透の戦略

　ソフト・サービスの場合，製造業や小売業と違って，モノを見たり使用したりすることで評価してもらうということができなくて，実際の店舗に来てもらって，そしてサービスを体験してもらうことで初めてその内容を伝えることができる。そのため，サービス内容を商圏内のターゲット層にいかに広げていくかが肝心となる。

　しちだ・教育研究所では，実際に受講した子どもたちの教育の成果を動画にまとめてみせることで，説得力を持たせている。

　パドリングでは，日本流の心地よい接客術だったり，カウンセリング的な要素も取り入れたりすることで，現地の他のサロンとの差別化を図っている。そうすることで，口コミを中心とした現地市場への浸透を図り，リピーターを増やすことに成功している。

　TACも，現地ではまだ溶岩石を活用したジムが存在していないことを確認し，新たなサービスとして話題性を生み出している。またコロナ禍で通常のオープンが難しい状況であったことを逆手にとり，先行して仮オープンを行い，正式なオープンまでの間に施設見学等の期間を設けることで，関心のある潜在顧客に対してしっかりサービス内容を説明することができた。その結果，なるべくミスマッチのない状態でのオープンを迎えることができたという。

(6) 国内事業への還流

　海外での事業展開を進めていく中で，新たなノウハウなどを獲得することがある。それを日本国内の事業に何らかの形で取り入れることで，国内事業にもプラスの影響を及ぼすことがある。

　しちだ・教育研究所では，海外事業での試行錯誤を繰り返す中で，自社の教育内容に関して確固たるアイデンティティを構築することができた。すなわち，環境が変わろうとも同じように働きかけることができる教育こそが本物の教育であるとの認識である。

　パドリングでは，国内店舗において，外国人の客の割合が増えている。海外

展開に伴って英語のホームページを整備したが，そこまでできている国内同業者は依然として少なく，インバウンドの増加に伴って，日本滞在時に髪を切りたいという外国人のニーズに対応できる数少ない美容室として売り上げを伸ばしている。

TACは，新規ビジネスの開始を模索するに至っている。海外のマーケットを詳しく知ったことにより，国内で流通している商品を現地に輸出することで，現地国民の健康増進にも資するような事業を企図している。

6. ディスカッション〜大企業とのマネジメントの違いはあるか

本節では，これまでみてきた中小サービス業の海外展開の事例について，大企業との取組み上の違いがあるのかという点に焦点を絞って議論していく。伊丹ほか（2017）は，大企業の事例を用いてサービス業の国際展開についての考察を行っていることから，それとの対比を中心にして，企業規模によるマネジメントの相違を明らかにしてみたい。

(1) 顧客の説得

伊丹ほか（2017）は，日本のサービス企業が海外展開するにあたって超えなければならない壁の一つとして，海外の顧客の説得の難しさを挙げる。ここでの「説得」とは，言語も文化も異なる国に対して，日本のサービスの良さをいかに伝えるかということである。大企業の事例では，現地の従業員や顧客との密接なコミュニケーションに努めることで進出先の文化を理解しつつ，企業の組織文化を移転する試みが求められると整理されている。

それでは中小企業においてはどうか。現地の文化の理解という点では，本章の事例においても共通してみられる取組みである。パドリングでは，経営者自らが約2年間にわたって現地の店舗での勤務を経験し，現地の文化のみならず業界の慣例などを深く理解した。これは，中小企業ならではの柔軟な取組みともいえる。通常は一人の人間が市場調査のためにそれほど長期間にわたって不

在にすることは難しい。ましてや経営者はなおさらである。同社では，不在の間は従業員に店舗運営の全てを委ねることで対応した。また，海外市場に進出する必要性や，進出の際の留意点などを理解しているのも経営者であるという意味でも，経営者自らが直接海外市場を確認することで，その後の展開を非常にスピーディーに行うことができたと評価できる。

　しちだ・教育研究所については，海外展開においてフランチャイズ制を採用していることが，現地の文化の理解の大きな助けとなっている。もちろん，フランチャイズ制は企業規模に関わらず取り組めるものであるが，同社の場合はフランチャイズによくある，本部の意向をフランチャイジーに徹底させる関係性ではなく，多くの判断をフランチャイジーに委ねる「緩やかな」関係であることが一つのポイントであろう。すなわち，日本で構築された教育メソッドについて，現地文化に適合する部分とそうでない部分の判断等を相談することで，教材の微妙な調整を施すことを可能にしている。特に，「ちえ」や「お金」などといった国（文化）によって考え方が大きく異なる内容を教えるに当たっては，そうした調整が何より求められる。

　また伊丹ほか（2017）は，現地へサービスを浸透させるための方策として「コンセプトの力」や「空間あるいは「場」の輸出」が有効であることも指摘している。コンセプトとは，提供したい価値を端的な言葉で表現したものと定義され，また「場」とは，店舗を訪れた時に感じる空気感や感情のようなものを指す。これらが実現する大前提として，国内事業において既に一定のコンセプトや「場」を確立しており，それがそのまま，あるいは多少のアレンジを加えて現地で評価されるに至っているとしている。この点については，中小規模の事業展開では多くの消費者に強力にアピールできるほどのコンセプトや「場」を確立することは難しい。そういう意味では，中小サービス業が海外で事業を展開していくことは，顧客の説得の段階で何らかの工夫が求められる。これについては，伊丹ほか（2017）でも指摘されているところではあるが，日本という独自の文化を持つ国から発信されたサービスであることの優位性をコンセプトとして組み込んでいくことが有用である。いわゆる「ジャパン・プレミア

ム」を最大限に活用するということである。本章の事例ではいずれも，こうし
たジャパン・プレミアムを当初から意識するなど，現地で事業を開始するにあ
たっては一定のアドバンテージが存在することを確認したうえで，事業を展開
していた。語弊を恐れずに言えば，ジャパン・プレミアムは，多くのコストを
かけずとも，国内企業であれば誰でも獲得できるコンセプトである。そのた
め，最大限に活用するのが得策であろう。

　ただし，日本流のサービスであれば何でも受け入れられるわけではなく，中
途半端な内容であればすぐに見透かされて，現地の顧客に敬遠されてしまうと
いうことは国内市場と同じであり，注意が必要である。そこが簡単ではない点
であり，パドリングが日本流の高品質の施術を導入するために，現地のスタイ
リストに対して時間外の研修への参加を促したり，しちだ・教育研究所が現地
に適合させた教材の作りこみをしっかり行ったりというように，手間も工夫も
必要となってくる。

(2) 供給体制づくり

　伊丹ほか（2017）は，海外展開におけるもう一つの壁として，供給体制づ
くりの難しさも挙げている。製造業であれば投資をして自給すれば採算に乗る
こともあるが，サービス業のような規模では大企業であっても経済的に成立し
ないことが多い。この点に関しても，本章の各事例で中小企業ならではの苦労
や工夫がみられた。

　パドリングでは，日本式のサロンを展開するために必要な内装設備につい
て，製造元である中国のメーカーから直接取り寄せるルートを自ら開拓するこ
とによって，日本から輸入するよりも割安で調達することを可能としている。
メーカーからの直接取り寄せに際しては，特にまとまった量を調達する必要は
ないため，企業規模の大小は関係ない。自分で手間を惜しまずに連絡を取れる
かという機動力が実現のポイントとなっている。ただし施術に必要な薬剤につ
いては，小ロットだと手配してもらえない場合が多く，中小規模だと調達の不
便さを感じるという。そのため，日本のサロンでは実現できているような，

日々変化するトレンドに対応したサービスを行うということが困難な状況にある。

　ここでいう供給には，設備や資材といったものの供給以外に，人材面での供給も含まれる。その点においても，本章での事例では工夫をこらしている。しちだ・教育研究所では，国民性の違いによって，求める講師像を満たす人材が極端に少ない国もあるが，満たすべき一定の条件を本部から明確に提示するとともに，国民の性質をよく知る現地オーナーの目利きによって，必要な人材を確保し得ている。またパドリングでは，評価体系を全従業員に完全に公開し，日本人であろうと特別扱いせずに公平に処遇している。そうすることで，モチベーションの高い優秀な人材ほど辞めずに残るようなシステムとなっており，同社の理念を体現する美容師へと成長させることに成功している。

(3) モノへの依存

　伊丹ほか（2017）は，目にみえる，日本から海外へ持っていける「モノ」の助けによってサービス水準を高め，海外展開を成功に導くことができるとしている。ここでいうモノとは，小売業における商品のみならず，店舗や設備，システムや教材なども含んでいる。伊丹ほか（2017）の各事例からは，顧客価値のモノ依存度の高さが共通項として導かれるとしている。良品計画は日用品や雑貨，大戸屋は料理，公文は問題用紙，セコムはアラーム設備や通信回線などがそれに当たる。しかしこの点については，本章3節の先行研究の小括で指摘したように，サービス業におけるモノの介在には，サービスそのものがモノに具現化されている場合と，サービスを提供する際に，その媒体や設備として活用する場合がある。そして伊丹ほか（2017）でも，その両者が混在し，特に区分されていないことがわかる。本章では，特にサービスそのものがモノに具現化している事例は研究対象から除き，人同士の相互作用によってサービスの提供が成立するケースのみを抽出している。しかし，そうした事例のみの場合であっても，モノの活用が有効であることが指摘できる。

　しちだ・教育研究所では，教室で使用する教材を丁寧に作りこむことで，文

化や言語の異なる国においても，一定の教育の質を保つことに成功している。たとえ講師の質が均一でなくても，しちだ式の理論が実践できるようにしっかりと教材を作成することにより，教育の方向性を見失わないようにしている[5]。また，パドリングでは日本の店舗で使用しているのと同様の内装設備や機材を現地の店舗でも導入していたり，TACでは，まだマレーシアでは普及していない溶岩石を用いたジムを導入し，現地での目新しさを買ったりしている。これらのモノは，提供されるサービスの質を一定に保つ効果があることのほか，ジャパン・プレミアムを上乗せしてサービスの説得力を増強させることにも役立っている。

(4) 資金制約への対応

大企業と中小企業の経営における大きな違いの一つとして挙げられるのが，資金面での制約の程度である。コンセプトの確立などにおいても，まとまった資金を活用することで活動が有利になることを紹介したが，そうした点以外でも，本章の事例では資金制約を回避するための工夫がみられる。

パドリングでは，初めて海外に出店する際に，多くのイニシャルコストや慣れない手続きが発生することを見込んで，それらを抑制するために，現地で既に開設されている美容院を店舗ごと買い取る形での出店を選択した。立地は，日本人駐在員の居住地からは離れていたために不利ではあったが，新たに空きテナントを探したり，営業許可を役所に申請したりする手間と時間を大幅に節約できたほか，内装工事等の初期費用もほとんどかけずに出店することができた。しちだ・教育研究所では，フランチャイズ制を採ることで，出店にかかる資金を自社で直接拠出せずに済んでいるほか，販促活動などのやり方やその資金負担も現地オーナーに委ねている。一方で，オーナーからのロイヤリティの徴収割合を業界標準よりも低く設定することで，オーナーとの関係性を良好に

---

(5) 学習塾は，いくら教材を作りこんだところで，あくまで「人」が教えるものであることから「ソフト・サービス」にあたる。例えば教材販売などであれば「ハード・サービス」となる。

保っている。TACは，創業来の事業であるスタジオの直営事業は装置産業的な業種であることから，事業を拡張していくと資金負担が重くなってしまう。そのため，スタジオの直営事業と，ノウハウの提供を主とするコンサル的な事業の両方をバランスよく展開するようにしている。そして海外事業においても，これと同じ方針を維持している。海外でのコンサル事業としては，国内で構築した測定システムを用いて，各所で測定業務を展開することを企図している。海外での事業リスクは特に高いと考えられることから，直営の店舗展開は1店舗にとどめ，コンサル事業を中心に展開していく予定としている。

7. おわりに

　本章では中小のソフト・サービスを展開する企業に焦点を絞って，海外展開で求められるマネジメントが何かということについて考察した。また，大企業と対比した場合の相違についても検討を行った。市場へのサービス内容の浸透手法や供給体制，あるいはモノへの依存の程度や資金制約下での対応等，それぞれにおいて中小企業ならではの工夫があることがわかった。

　例えば，サービス内容の浸透においては，経営資源の限界から自前でコンセプトを確立することは難しいため，ジャパン・プレミアムを最大限に活かしてコンセプトを確立していた。また供給面では，手間を惜しまず機動的に仕入れルートを開拓していることのほか，人材供給という意味では，国ごとの国民性の違いを把握して対応したり，評価基準をオープンにして全員を公平に処遇することで安定した人材の受け入れを可能にしていたりと，小回りの利く対応がみられた。またサービスの媒体としてのモノへの依存についても，国に合わせてしっかりと作りこみを行う場合もあれば，日本国内と同じものを活用してジャパン・プレミアムを活かすという手法もみられた。資金的な制約に対しては，地場の運営会社から店舗を継承したり，フランチャイズ制を採りながらも権限を委譲することで自社の負担を軽減したりすることでかかるコストを抑制している事例や，複数の事業の中でも資金負担の軽い事業の比重を海外では高

めるなどの工夫がみられた。

　サービス業の中でもソフト・サービスは特に，その国の文化の影響を色濃く受けやすい。サービスの提供時に，人的な相互作用が必要となるからであり，国内で取り組んでいる事業内容と同じやり方では通用しにくいといえる。製造業との対比という面で考えても，生産したモノ自らがその価値を発信してくれるのが製造業である一方，ソフト・サービスでは確実に現地の文化に語りかけていかなければならない。ある国で通用したやり方が，隣の国では通用しないのである。そうした国ごとに必要となる微妙なチューニングは，手間やコストを抑えて効率的な経営を志向する大企業からは敬遠されやすいことから，中小企業による工夫の余地が生じやすいともいえる。

　異文化に直接触れていくのがサービス業の海外展開の真髄であることを改めて認識し，手間を惜しまず相手を徹底的に理解していくことが，中小企業が海外事業で成功する近道となるであろう。

〈参考文献〉

伊丹敬之・高橋克徳・西野和美・藤原雅俊・岸本太一（2017）『サービスイノベーションの海外展開：日本企業の成功事例とその要因分析』東洋経済新報社.

星田剛（2020）「QB ハウスのチェーンオペレーション経営 シンガポール事業の失敗を克服したマネジメント改革」アジア市場経済学会『アジア市場経済学会年報』（23），pp.81-91.

宮下幸一「旅館『加賀屋』のビジネスモデル："おもてなし"は世界のモデルになりえるか」桜美林大学大学院経営学研究科『桜美林経営研究』（2），pp.33-50.

Blomstermo, A., Deo Sharma, D. and Sallis, J. (2006) "Choice of foreign market entry mode in service firms." *International Marketing Review*, 23(2), pp.211-229.

Lovelock, C.H. & Yip, G.S. (1996) "Developing global strategies for service businesses." *California management review*, 38(2), pp.64-86.

O'Farrell, P. N., Wood, P. A. and Zheng, J. (1998) "Regional influences on foreign market development by business service companies: elements of a strategic context explanation." *Regional studies*, 32(1), pp.31-48.

Van Looy B.V., Dierdonck, R.V. and Gemmel, P. (1998) "Services Management: An

Integrated Approach," *Financial Times*, Pitman Publishing, London, UK.

Vandermerwe, S. and Chadwick, M. (1989) "The Internationalisation of Services" *Service Industries Journal*, Vol.9, pp.79-93.

足立裕介

第7章

中小製造業の
グローバル・サービス・マネジメント

1. 課題の背景

　大手製造業だけでなく，中堅・中小製造業にとって，本書を貫くテーマでもある「グローバル化」は，成熟した国内市場から成長するアジアをはじめとした海外市場へと目を向けるという意味でも大きなビジネスチャンスとなっている。他方，製造業が主力としてきた「ものづくり」は，「サービス化」という大きな転換期にある。「モノからサービスへ」「モノからコトへ」といわれて久しいが，この流れは消費者向けのビジネスに限ったものではなく，製造業全体がこの潮流のなかにある。

　「サービス化」は必ずしも製造業の衰退を意味しない。むしろ，製造業にとって「サービス化」はサービス事業との相乗効果が期待できる事業機会である。製造業とサービス業との業種区分は曖昧になってきている。例えば，マイクロソフトのように，サービス業から製品事業への参入事例もみられるが，製造業からサービス事業への参入にも多くの成功事例がある。IBMはパソコン事業を売却したが，サーバーではハードウェア事業を堅持し，着実に成長している。アップル，航空機エンジンのロールス・ロイスも，製品事業とサービス事業とを組み合わせた新たなビジネスモデルで競争優位を構築している。サービス化への対応は「製造業を捨ててサービス業に鞍替えすること」ではなく，「製品事業とサービス事業とを組み合わせた新たなビジネスモデルをどのようにつくっていくか」という課題として捉えることができる。

　製造業は，多岐にわたるサービス事業を展開する潜在能力がある（表7-1）。サービス事業は，多くの製造業にとっていまだに利益を生まない「コストセンター」であり，「製品に付随するもの」「儲からないが義務的に提供しなければならないもの」と位置づけられていたが，近年，こうしたサービスが顧客接点

表7-1　製造業が展開するサービス事業

【イントロダクション・サービス】 主に製品販売前あるいは販売時に提供されるサービス
（1）コンサルティング，ソリューション（問題解決）サービス
（2）製品の設計，試作サービス
（3）カスタマイズサービス
（4）ソフトウェア・コンテンツの制作・販売
（5）製品の一時貸し，レンタル
（6）指導・教育，導入支援サービス
（7）製品購入時のファイナンス・リース（金融）
（8）製品の運搬，設置・調整サービス
【パラレル・サービス】 主に顧客の製品使用と平行して提供されるサービス
（9）製品の修理・メンテナンス・清掃サービス
（10）製品運用の監視サービス
（11）製品を使った業務代行・運営代行
（12）製品に関する相談サービス
（13）製品に関する情報提供サービス
【サクセッション（承継）・サービス】 主に製品販売後に実施されるサービス
（14）製品の下取り，買い取りサービス
（15）製品の廃棄代行サービス

出所：筆者作成

を確保し，製品の輸出や現地生産・販売の競争力に寄与するものと考えられるようになった。しかし，国内におけるサービス事業の展開においても経営資源の制約や取引交渉力の弱さといった問題を抱える中小製造業は，大手製造業と比べてグローバル・サービスの展開には困難がある（奥山, 2020）。

　こうした分野の研究では，「中小企業論」のほか，従来，国際経営学などの「グローバル化の理論」，サービス経済学・サービス経営学などの「サービス化の理論」といった3つの理論を基礎とする必要がある。ただし，これらは，別々に研究・議論されてきたか，融合したとしても「グローバル・サービス」「中小企業のグローバル化」など2つの融合にとどまっていた。中小製造業のグローバル・サービス研究は，これら3つの融合が求められる。本章では，こうした課題を背景としながら，中小製造業におけるグローバル・サービス・マネジメントの特徴および要点を検討する。

2. 中小製造業のグローバル・サービスに関する理論

(1) グローバル化の理論

　国際経営あるいは企業のグローバル化に関する研究は，1960年代後半以降，進出先で企業間の競争が激化し，海外市場特有のマーケティングやマネジメントが不可欠となったことから活発化した。Perlmutter（1969）は，多国籍企業を①本国（国内）志向（Ethnocentric Orientation），②海外進出先の現地志向（Polycentric Orientation），③本国に近い周辺的な地域志向（Regiocentric Orientation），および④世界志向（Geocentric Orientation），の4つに分類する「EPRGモデル」を提唱して国際経営モデルを精緻化した。

　グローバル化には経営上のトレード・オフもある。BartlettとGhoshal（1989）は，多国籍企業を統合度と現地適応度によって「インターナショナル」「グローバル」「マルチドメスティック」「トランスナショナル」に分類し，多国籍企業が抱える統合と現地適応というトレード・オフを克服し，規模の経済性を確保しながら現地市場・現地組織に合わせて柔軟に対応する「トランスナショナル企業」の存在を示した。さらにDozほか（2001）は，自国の優位性を活用する従来型の多国籍企業の姿ではなく，新たな知識の感知（Sensing），知識の流動化（Mobilizing），イノベーションの実行（Operationalizing）の3つの能力を活用しながら，世界に分散する知識を活用してイノベーションを生み出す企業を見出し，それらを「メタナショナル企業」と呼んだ。

　Ghemawat（2007）は，グローバル企業が世界の各地域でローカル化を実現していく事業戦略を示した。文化的，制度的・政治的，地理的，経済的な差異にいかに対応していくかが重要であるとし，その対応策として「AAA（適応，集約，裁定）戦略」が提示されている。

　グローバル化の担い手という観点では，RugmanとVerbeke（2004）によれば，地理的な販売分布などで一定の基準を満たす「真のグローバル企業」はIBMやインテルなどわずか9社にとどまるというデータを示した。MayerとOttaviano（2007）は，欧州各国のデータによって，生産性が高い一部の企業

のみが海外展開できることを示し，直接輸出や対外直接投資できる企業を
「The happy few（幸福なる少数者）」と呼んだ。しかし，第1章1節（1）に示
したように，直接輸出や対外直接投資は中小企業にも広がり，すでに少数者だ
けのものではなくなっている。こうしたことから，大企業だけでなく，中小企
業に適用できるようなグローバル化理論が求められている。

(2) 中小企業のグローバル化に関する理論

　中小企業など大企業以外の海外展開に関する研究はいくつかみられる。創業
間もなく海外事業を展開する「ボーングローバル企業（BGC）」は，独自の技
術的能力を源泉とした差別化と国際的企業家志向性（IEO），学習能力によっ
て国ごとに適切な参入戦略を採ってグローバル市場を切り拓くという特性を有
する（Knight, 2001; Freeman *et al.*, 2006）。また，特定の商品や技術において
世界のトップグループのポジションをめざすグローバルニッチトップ（GNT）
は，自社の戦略的資源やコア・コンピタンスに適合した規模の戦略を採り，同
質化された市場よりも，一般市場に内在する異質の市場（ニッチ市場）を狙う
という戦略を採る（Simon, 2009）。土屋ほか（2015）は，革新的中小企業が
他社と差別化した製品を国内や海外の市場に投入し，やがて「類似商品との競
争にも勝ち『デファクト標準』を獲得する」プロセスを示した。

(3) 中小製造業のサービス・マネジメント：戦略化と統合化

　奥山（2020）では製造業が製品事業とサービス事業とを併せ持つシナジー
（相乗効果）と減殺効果に着目する。シナジーは，差別化の自由度の拡大や範
囲の経済性[(1)] の獲得，製品とサービスによるワンストップの提供，財提供の
最適選択などである。他方，減殺効果は，製品優先のマインドによる障壁，二
重管理，マルチベンダーとしての事業構築の困難性，顧客事業とのカニバリ

---

(1) ひとつの企業が異なる複数の事業を実施することが，別々の企業がそれぞれの事業を
　　実施するよりもコスト上有利になる現象のことである。

ゼーション（共喰い）の発生などである。これらの効果が，サービス専業企業のサービス事業と，製造業のサービス事業の相違となって現れる。

　さらに，ここでは中小製造業のサービス事業の展開には固有の問題性を2つ指摘する。第一に，経営資源の不足である。時間・空間の特定性があるサービス事業の場合，例えば客先に出向くようなメンテナンスが典型的であるが，顧客の広がりに応じた拠点の設置が必要となるなど，人・拠点・資金の問題がつきまとう。これに加え，サービス事業に関わるノウハウの不足，サービス事業に対する問題意識・マインドの低さなどが影響し，サービス事業の展開がより困難になる。第二に，取引交渉力の弱さもある。取引交渉力の相対的劣位と，「サービスは無料（サービス）」といった取引慣習とがあいまって，サービス事業が低採算となる傾向が強い。奥山（2020）では，こうした問題性を克服するサービス・マネジメントの2つの具体的方向性として「戦略化」と「統合化」を示した。

　「戦略化」とは，サービス事業を戦略的に位置づけ，各サービス事業に戦略的役割を与えることである。具体的には，サービス事業によって，顧客接点の拡大，価値共創，製品開発における学習の場の確保，多様化対応，差別化要因の強化などを企図することを指している。一方，「統合化」とは，製品主体の考え方から脱却し，製品とサービスを主従なく統合的に顧客に提供することである。一般的に，中小製造業の場合は，サービス事業を製品事業の付随的なものとして位置づけているが，「戦略化」「統合化」という2つの方向により，サービス事業が中小製造業の競争力強化につながる。また，ひとつのサービス事業の中で「戦略化」と「統合化」の両立は可能であるとされる。

　本理論は，グローバル・サービスにも援用可能である。ただし，経営資源の制約は国内でのサービス事業展開以上に厳しい。このため，これをどのように克服し，グローバル・サービス事業を展開するなかで，いかに「戦略化」や「統合化」を実現するかが問題となる。

　もうひとつ，サービス・マネジメントで重要な点は，拠点立地の問題である。すなわち，サービス事業の拠点を「地理的空間のなかで，ある特定の活動

をどこに立地させるか」あるいは「企業の価値連鎖のなかで，どの特定の活動部門を，どの程度まで他の要素の近くに立地させるべきか」，また「経営全体を構成する個々の要素をどの程度まで分割することができ，かつ，異なる場所に立地させることができるのか」（Lloyd and Dicken, 1972）である。これらは「自社および他社の機能を含めて，拠点を相互に有機的に結び付けて，どのように製品・サービスを顧客まで届けるか」というバリューチェーン（Porter, 1985）の構築およびそのガバナンスの問題として捉えることができる。

3. グローバル・サービス・チェーンとそのガバナンス

(1) サービスの提供主体とGVC理論

次に，サービス拠点をどの主体が担うかを考える。基本的には，海外市場の拠点をどのような主体が運営するかについて，企業には大きく2つの選択肢がある。それは「市場」か「組織」か，すなわち，外部化する（アウトソーシング）か，内部化する（自社で行う）かである。Rugman（1981）の内部化理論によれば，海外市場には，貿易政策などの政策的不完全性と，知識ノウハウを安定した価格で得られないといった自然的不完全性があり，企業はこうした不完全性を回避するために内部化するという。これに基づき，貿易（輸出入），直接投資およびライセンスという3つの方法を比較検討し，不完全性が高い場合には直接投資，ライセンスの順で有利であり，市場が完全の場合には輸出が有利となることを明らかにした。

また，情報流の構築は，どのような流れでサービス財を顧客まで届けるか，すなわち，複数の国にまたがるなどグローバルに配置されたサービスに関連する工程の間で，サービスが提供されるまでに生み出される付加価値の連鎖（Global Value Chain：GVC）に規定される。WTO（2014）では，製品開発からアフターサービスまで，製品を中心としたプロセスに沿ったサービス例を抽出し，GVCでの役割を検討しているほか，Konishi（2017）が日本の観光サービスにおけるGVCを考察するなどサービスに関わるGVCの研究が徐々

図7-1　GVCガバナンスの5つのタイプ

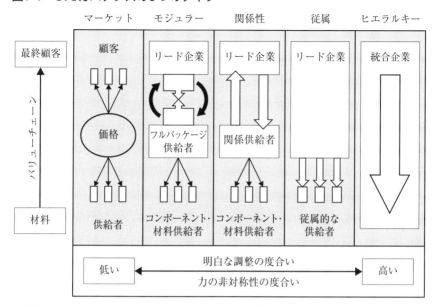

出所：Gereffi, Humphrey and Sturgeon（2005）p.89より作成

に蓄積されつつある。さらに，奥山（2020）で示した「戦略化」をめざす場合には，顧客接点をつくり，顧客との相互作用のなかで生み出された情報を製品開発などへと活用できるような情報流をいかに構築していくかが重要となる。

　GVCに関する先行研究では，Gereffi *et al.*（2005）が示した製品の「GVCフレームワーク」において，部品の生産から製品が完成するまでの連鎖によって5つに類型化されている（図7-1）。ここで示されているのは，調整とパワーの非対称性のスペクトラムであり，細い矢印は価格に基づく交換を表し，大きいブロック矢印は，暗黙知を含む濃密な情報流や知識の輸送を表している。この分類基準は，業務内容が標準化されていないことを示す「取引の複雑性」，関係特殊的な投資なしに情報や知識を到達させる範囲の広さを示す「明文化の程度」，および「供給者の能力」の3つである。

「マーケット」は，顧客，供給者ともに多数が参加する市場で製品を取引するタイプである。「取引の複雑性」は低く，「明文化の程度」および「供給者の能力」が高く，顧客と供給者はお互いに他社に切り替えるコストは低い。「モジュラー」は共通規格の既存部品の組み合わせによって製品がつくられるタイプであり，「取引の複雑性」「明文化の程度」「供給者の能力」のすべてが高く，「フルパッケージ供給者」が「コンポーネント・材料供給者」をとりまとめて顧客の仕様に応じた製品を提供する。知識・情報が体系化されているため他社に切り替えるコストは低い。「関係性」は，顧客と供給者の間で複雑な相互作用がみられるタイプであり，「取引の複雑性」と「供給者の能力」が高く，「明文化の程度」が低い。このため，物理的な距離が遠くても社会的な近接性や長期的取引による信頼性によって顧客と供給者の関係が維持される。「従属」は小規模の供給者と大規模の顧客による連鎖であり，「取引の複雑性」と「明文化の程度」が高いが，「供給者の能力」が低く，顧客による強いモニタリングと制御が特徴である。「ヒエラルキー」は垂直統合のパターンであり，「取引の複雑性」のみが高く，統合企業の社内または子会社等によって部品から製品まで一貫して生産される。

(2) サービスのGVC類型の検討

顧客との相互作用を実現するためのガバナンスのあり方を示すGereffi *et.al* (2005) のGVCフレームワークは，中小製造業のサービス事業における「戦略化」を実現するGVCの構築に有益な示唆がある。フレームワーク内の類型でいうと「モジュラー」における「フルパッケージ供給者」，あるいは「関係性」における「関係供給者」である。しかし，前述のようにサービス財は顧客への到達範囲が限られるため，最終的なサービスは顧客の近くに拠点を設ける必要がある。また，グローバル・サービスの場合には，主観的な個々の顧客のニーズや，それに適合するサービス人材の技術的スキルがあるため，国境を越えて顧客が存在する地域に拠点を設けないと競争力を失う場合もある。こうしたことから，顧客の接点となるサービス拠点を内部化するか外部化するかが

GVCを構築するうえで重要となる。

　一方，サービス自体は顧客との接点において提供されるが，サービスにおけるGVCの川上工程では，当該サービスに必要なノウハウの確立，マニュアルの作成（サービス手順のある程度の確立），パーツ部品の供給等がなされる。むしろ，サービスにおけるGVCの競争力には「粘着性」があり，自国にとどまるプロセスの強化が重要となるとの主張もある（OECD, 2013）。プロセスの強化の実現は，人，教育，スキル，高品質のインフラ投資，強力な産学連携など「暗黙知」の強化によってなされ，これらは広い意味でサービス提供の川上工程とみなすことができる。このように，サービスのGVCでは，競争力に資する2つの要素，すなわち「顧客近くの拠点設置」と「自国でのプロセスの強化」の両立が求められるが，経営資源に制約がある中小製造業では，ここに資源配分のトレード・オフが生じる。

　前述の3つの分類基準（「取引の複雑性」「明文化の程度」「供給者の能力」）を援用しつつ，これらの製品とサービスとのGVCの違いに着目し，サービス事業用にGVCの類型化を再構築すると，以下の6つに分類される（図7-2および表7-2）(2)。

① マーケット

「マーケット」は，サービスの標準化が進み，メーカーの違いにあまり規定されることなく，多くのサービス事業者が顧客に対して多様なサービスを提供できるタイプである。この場合，海外にも同様の製品が普及しているのであれば，海外の代理店あるいはサービス業者がサービスを担うことが経済的となる。

「マーケット」の典型例は，空調機器である。一般的に業務用空調機器は，仕様の決定を設計事務所やエンジニアリング会社が行い，実際の製品はメー

---

(2) 類型化の再構築にあたっては，金融財政事情研究会（2016）の業種別記述を参考とした。

図7-2 製造業のサービスにおけるGVCガバナンスの6つのタイプ

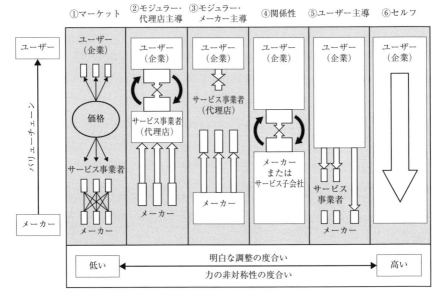

出所：Gereffi, Humphrey and Sturgeon（2005）p.89をもとに筆者作成

表7-2 製造業のサービスにおけるGVCガバナンスのタイプ別特徴

タイプ	取引の複雑性	明文化の程度	供給者の能力	典型的な産業の例
①マーケット	低い	高い	高い	業務用空調機器，建設機械
②モジュラー・代理店主導	高い	高い	高い	計測器
③モジュラー・メーカー主導	高い	高い	高いが，メーカーのノウハウが必要	昇降機
④関係性	高い	低い	高い	農業用機械器具，複写機
⑤ユーザー主導	高い	低い	低い	オーダーメイド型の食品加工機械
⑥セルフ	高い	極めて低い	低い，あるいは供給者が不在	メーカー独自のノウハウに基づく機械・設備

出所：Gereffi, Humphrey and Sturgeon（2005）p.89をもとに筆者作成

カーあるいはその系列業者から，設備工事業者（建設業）を通じてユーザーに
提供される。メンテナンスも独立系の設備工事業者が請け負うケースが多い。
設備工事業者は国内では大手から中小まで約7万5,000社[3]あり，ユーザーの
選択肢も多い。海外においてもこうした傾向がみてとれる。例えば，空調機器
メーカー SK 社（大阪市）の海外販売代理店はオーストラリア，バングラデ
シュなど14か国にあり，通常のメンテナンスは販売代理店が実施する[4]。

　建設機械業界も同様である。建設機械も厳しい安全性が要求されるため，有
資格者による定期的な保守整備が義務付けられている。建設機械は国内で約7
万5,000台（2017年度）が販売されているが，そのうち約5割は建設機械レン
タル・リース業へと販売されており，建設業などユーザーへの直接販売は3割
程度，その他が2割程度となっている[5]。建設機械レンタル・リース業はメン
テナンスも行い，ユーザーの手間を省いている。

　「マーケット」タイプでは，サービス事業が標準化されているため，「戦略
化」によってメーカーの競争力を強化することは困難である。このため，「マー
ケット」に属する業種において，一部の企業は日本国内市場を中心に，後述す
る「関係性」へと移行している。例えば，前述の空調機器メーカー SK 社は，
国内では子会社がメンテナンスを総括的に請け負う事業に注力している。年間
保守契約や定期整備工事を行い，ユーザーに省エネなどのメリットを訴求す
る。当該子会社は東京本部のほか，大阪支社，仙台支店など都市部を中心に6
カ所の営業所を擁する。また建設機械業界では，コマツグループの「KOM-
TRAX」など，メーカーがIoTを活用した遠隔サービスを実施するなど，メン
テナンスにおけるメーカーの存在感が増していることは周知の通りである。

② モジュラー・代理店主導

　「モジュラー」は，「取引の複雑性」「明文化の程度」「供給者の能力」の3つ

(3)　総務省・経済産業省『経済センサス―活動調査』2016年版。
(4)　SK 社「会社案内」および SK 社「有価証券報告書」2019年3月期参照。
(5)　経済産業省・国土交通省「建設機械動向調査」平成29年版。

163

とも高いタイプであり，ここではさらに2つに分けることができる。ひとつは
「モジュラー・代理店主導」である。サービスの場合には代理店・サービス事
業者がフルパッケージあるいは複数のメーカーのサービスに対応できる「マル
チベンダー」として顧客に幅広いメンテナンスを提供する。

　「モジュラー・代理店主導」に分類される業種は計測器分野である。計測器
は種類が多く，メーカーも多い。こうしたなか，KT社（東京都多摩市）は
「計測」「医療」「情報・通信」の分野における電子機器製品へのサポートを，
メーカーを問わず総合的に行う。同社には，メンテナンスの委託を受けた機器
を修理するためにメーカーから提供された技術情報に加え，豊富な修理実績ノ
ウハウをまとめたマニュアルなどが蓄積されており，様々な計測機器および医
療機器について的確かつ迅速な修理が可能となっている。計測，医療，情報・
通信の分野における電子機器は様々なメーカーの組み合わせによりカスタマイ
ズされ，使用されている。そのため，KT社のような特定のメーカーの製品に
とらわれないマルチベンダー的なメンテナンス専業企業が力を発揮する。海外
の故障品を日本の国際空港内の保税工場にて修理するサービスも展開し，最短
で24時間以内の修理が可能となっている。また，48,000以上の機種の校正
サービスを行い，国際規格へ対応した校正サービスも可能である[6]。同社のほ
かにも，計測器メーカーのグループ会社でありながら，グループ内外を問わず
メンテナンスを引き受ける企業は少なくない[7]。

③ モジュラー・メーカー主導

　第三には，「モジュラー・メーカー主導」である。これは，メーカーが比較
的大規模かつ少数であり，メンテナンスにおいても製品を実際に製造している
メーカーのノウハウが重要であるケースがこれにあたる。また，顧客側の要請
や独占禁止の観点，あるいは供給者側の経営資源の制約から代理店などによる

---

(6) KT社ホームページ，2020年3月18日参照。
(7) 2013年7月12日に非構造化インタビューを実施した。インタビュー対象者は総務部長
　　である。

サービスが普及しているタイプも含まれる。

　典型例は，エレベータなどの昇降機である。エレベータは乗車する人間の安全が最優先される機器であるため，保守はその安全性を担保する極めて重要な業務であり，有資格者による定期的な保守整備が義務付けられている。前述の建設機械との違いは，メンテナンス業務が比較的複雑で特殊性があることと，家庭用を除き遠隔による常時監視が通常であることである。こうしたことから，日本では歴史的に，エレベータの保守は納入業者（メーカーまたはその子会社）が行うものと考えられてきた。交換部品の調達や設計図面がオープンにされていなかったことも，独立した企業の保守への参入が事実上困難であった要因のひとつである。しかし，「昭和40年代に主要メーカーの保守部門の技術者がメーカーに部品の供給や機械の設計図面の公開等を働きかけ，独立系の保守事業者が誕生した」（金融財政事情研究会，2016; p.895）という。その後，1985年に保守部品の供給に関する独占禁止法の判決があり，独立系事業者の地位が確立された。独立系事業者は主要メーカー系の保守事業者よりも格安の料金を提示することで顧客を獲得し，設置工事業者や下請事業者から独立系の保守事業者となる例もみられるようになった。エレベータのメンテナンスは，ロープなど高額部品の取り替えを含む必要なメンテナンスを契約料金の範囲内ですべて行う「フル・メンテナンス（FM）契約」と，点検，清掃，給油，調整などを引き受け，部品交換や修理工事などを別途契約とする「パーツ・オイル・グリース（POG）契約」とがある[8]。メーカー系と独立系が併存するが，主要メーカーの数は十数社とそれほど多くなく，製品分野では上位5社のシェアは約9割，保守ではメーカー系保守事業者のシェアは8割程度を占める。

　代理店主導とメーカー主導が混在する業界もある。メーカーの枠を越えて幅広いメンテナンスを実施する水平統合企業（代理店）と製品事業部門を持つ垂直統合企業（メーカー）とが競合関係にある。両者の強みの違いは明らかであ

---

(8) POGとは，パーツ（Parts），オイル（Oil），グリース（Grease）の略称である。東芝エレベータホームページ（https://www.toshiba-elevator.co.jp/）2020年3月18日参照。

ろう。代理店やサービス専業者がメーカーを問わず関連した幅広い製品・設備のメンテナンスを一括して取り扱い，それを顧客にワンストップで提供することで，顧客に不可欠な「購買代理店」としての役割を果たす「パーソナル・エージェント」[9]の地位を確立すれば，代理店主導へと移行する。一方，製品が高度化し，サービスにおけるメーカーのノウハウの重要性が高まれば，メーカー主導へと移行する。

業務用冷凍庫のメンテナンスも，独立系の保守事業者（代理店）が行うケースと，メーカーの営業所または子会社が行うケースとがある。独立系保守事業者はメーカーを問わないマルチベンダーとして厨房機器全体をメンテナンス対象とし，メーカー系は自社設備に関するノウハウを活かした高度なメンテナンスを提供することで相互に差別化を図る。

また，両者が混在する場合でも代理店とメーカーは必ずしも全面的に競合的であるとは限らない。例えば，日常的または簡易なメンテナンスは代理店で，オーバーホールなど大規模かつ比較的難易度が高いメンテナンスはメーカー系の保守会社で行うなど，役割分担で共存するケースもある。

④ 関係性

「関係性」は「取引の複雑性」「供給者の能力」が高く「明文化の程度」が低いために供給者と顧客との間に高度な相互作用が必要なタイプである。

「関係性」の典型例はいくつかある。まず，農業用機械器具（農機具）である。農機具の販売は一般的にJA（農協）を経由する「系統ルート」と特約店（代理店）を通じて販売される「商系ルート」がある。基本となるトラクターなどは大手メーカーの寡占となっているが，農機具は作物の品種によって装着するアタッチメントの個別性が高い。メンテナンスも個別性が高く，耕作地の状況によって機械にかかる衝撃は多様で，故障発生頻度は比較的高いといわれ

---

(9)「パーソナル・エージェント」とは，バリューチェーン再構築のパターンのひとつで，顧客のニーズをよく知る「購買代理店」となることで市場への影響力を高めるパターンをいう。詳しくは水越（2003）を参照されたい。

る。

　また，複写機も，独立系のメンテナンス事業者も存在するが，多くはメーカー系の販社がメンテナンスを担当し，基本的には「関係性」タイプに該当する。これは，この業界独自の収益モデルによるところが多い。複写機の一般的な収益モデルは，本体料金とカウンター料金の2つに分けられ，メンテナンス料金は，一定期間内のコピー使用量に応じて算出されるカウンター料金となる。このように，サービスを収益源と位置づけ，製品とサービスとの補完関係を活用してサービス事業を展開する場合，顧客との直接的な接点が重要となる。なお，近年では，遠隔サービスによって稼働状況やトラブルの発生状況をフィードバックするという分析環境を構築し，ビッグデータに基づいたトラブルの事前予知を行う例もある。

　半導体製造装置も「関係性」に分類されるであろう。半導体は複雑な工程を経て製造され，顧客である半導体メーカーも，供給者である半導体製造装置メーカーも数は限られ，供給者は特定の工程や技術に特化している。特に故障・停止した場合の機会損失が極めて大きいインライン設備のメンテナンスでは，客先の半導体工場に常駐するエンジニア[10]がメンテナンスを担当，装置が正常な状態に保持されているかを点検し，故障があればそれを迅速に修復する。

　工作機械業界はモジュラーと関係性が混在する。メーカーの規模が大きければ国内外とも自社（「関係性」），中堅規模では国内は自社（「関係性」），海外は代理店（「モジュラー」）といったように，メーカーの規模，市場（国内か，海外か）に応じて変化する（奥山，2020）。

⑤ ユーザー主導および⑥ セルフ

　サービスでは，製品の個別性が高いか，製品の組み合わせによるシステムに顧客独自のノウハウがあるなどの理由により，相対的に「供給者の能力」が低

---

(10) 半導体製造装置のフィールドエンジニアには，特定人材派遣が活用される場合もある。

い場合がある。ここではこれを「ユーザー主導」と呼ぶ。また「明文化の程度」がきわめて低く，ユーザー自身がメンテナンスを行う「セルフ」タイプもある。

オーダーメイドの食品加工機械業界は「ユーザー主導」と「セルフ」の中間に位置する。標準的な食品加工機械は代理店を通じて販売されることが多いが，オーダーメイド製品はメーカー直接販売が主流となっており，ユーザーである食品メーカーの細かいノウハウを反映して製造される。機械のメンテナンスはユーザーで実施される場合もあり，ユーザーで困難な場合には製造ノウハウを有している食品機械メーカーが担当する。この場合，メンテナンス対象機械以外のノウハウが流出しないよう，顧客側の要求に応じて当該機械だけを取り外してメンテナンスを行う場合もある。

4. 中小製造業のグローバル・サービス事例

(1) 駐在員と本社技術者の併用：ST社

ST社（島根県松江市，従業者数38名）は，超硬丸鋸切断機やミーリング型試料調製機など多種多様な生産用機械器具を手掛ける。なかでも，金属の一部分を切断して分析装置に自動で送り込むミーリング型試料調製機では，日本製鉄，神戸製鋼所など日本の大手鉄鋼メーカーをはじめ，中国の宝山鋼鉄にも採用されている。この製品の競合はドイツの企業だという。既製品はなく，素材，部材形状，設置場所等，顧客との綿密な打ち合わせのなかから顧客に最適な製品を提案し，オーダーメイドで製作する。ほとんどの部品は外部調達で，自社では設計と調整を行う「ファブライト企業」である。英語版や中国語版のwebサイトや製品カタログを用意するなど，海外展開に意欲的で輸出実績も伸びている。フランス，インド，ベトナム，タイなどの日系工場向けのほか，中国，韓国，南アフリカの現地資本企業向けにも輸出実績がある。サービス事業は，タイと中国に事務所を設置して駐在員を置いているが，オーダーメイド製品であるがゆえに，メンテナンスも製品ごとに異なり，一定の技術が必要とな

る。このため，本格的なメンテナンスは日本から技術者を派遣することで対応している[11]。

　本章2節（3）で掲げたサービス事業の位置づけとしては，サービス事業を製品事業の付随的なものとして捉えることから徐々に脱却し，サービス事業に「製品の競争力を高めるための手段」という役割を与える「戦略化」を採っていると考えられる。また，本章3節（2）のGVC類型では，「取引の複雑性」「供給者の能力」が高く「明文化の程度」が低いために供給者と顧客との間に高度な相互作用が必要な「④関係性」に該当する。

（2）海外同業者との提携による展開：YI社

　中堅工作機械メーカーのYI社（岐阜県高山市，連結ベースの従業者数175名）は，金型や工具を加工する高精度の研削盤の製造を強みとしている。主な顧客は金型メーカー，工具メーカーおよび半導体関連企業である。2019年3月期における国別の売上高の割合は，日本50％，アジア38％，その他の地域12％となっている[12]。海外直接投資は，2008年，米国に100％出資の現地法人（販売拠点）を設立し，ここがメンテナンスなどのアフターサービスを手掛けていたが，2011年には同法人を清算した。代わりに，販売代理契約を日本の商社と提携するとともに，現地のサービス専業企業と提携し，米国では，同社はサービス業務と営業サポートを実施する体制となった[13]。さらに，2018年には日本法人の米国支店を拡張し，米国における市場開拓やサービスの拡大を図っている[14]。

　欧州では，2007年，ドイツに同社製品の販売およびアフターサービス拠点

---

(11) 2014年3月13日に非構造化インタビューを実施した。インタビュー対象者は代表取締役である。その後の状況変化は同社ホームページ等を参照した。
(12) 2016年11月7日に非構造化インタビューを実施した。インタビュー対象者は取締役2名および総務部長である。その後の状況変化は同社ホームページ等を参照した。
(13) 「YI社社長—工作機械，ニッチ市場でシェア拡大」2016年5月12日付日経産業新聞17面。
(14) YI社ホームページおよび発表資料を参照している。

として現地法人を設立したが，2013年これを清算し，代わりに航空宇宙産業・医療技術用のグラインダーなどを手掛けるHS社と提携し，YI社製品の欧州でのメンテナンスをHS社が事業として実施する。この提携は双方向であり，HS社製品の日本における販売，メンテナンスなどはYI社が行う。さらに，アジアでのメンテナンス体制は米国や欧州とも異なる。台湾では2012年に部品調達を目的とした現地法人を台湾企業と日本の商社との合弁で設立し，これを活用してサービスを展開する。タイにはサービス常駐拠点を持ち，ここが拠点となり，インド，フィリピン，インドネシアへサービス要員を派遣している。

　本章2節（3）で掲げたサービス事業の位置づけとしては，サービス事業を製品の競争力強化という役割を与える「戦略化」に該当するが，それだけでなく，他社の機械のサービスを手掛けることにより，製品主体の考え方から少しずつ脱却し，製品とサービスを主従なく統合的に顧客に提供する「統合化」の方向にも進んでいる。また，本章3節（2）のGVC類型でいえば，精度のうえで同業他社のものと大きな差異がある機械であり，メンテナンスにおいて製品を実際に製造するメーカーのノウハウが重要な「③モジュラー・メーカー主導」である。

（3）部品製造とサービスを併営する企業のグローバル・サービス：MS社

　MS社（山梨県韮崎市）は，機械や設備等を製造したメーカーが現存しない，修理部品が入手できない，修理・メンテナンスを依頼した後のライン停止の期間をできるだけ短くしたいという顧客に対し，自社の加工技術と修理技術によってできる限り対応している。修理部品が必要な場合には，自社の製造部門によって自ら部品を製作して修理対応できるところに大きな強みがある。ここに，製造業だけでなく，修理というサービス事業を併営していることのシナジー（相乗効果）がある。同社は長年にわたり多種多様な製品の修理を手掛け，このプロセスを経験することによって「機械」の構造や修理のポイントなど，様々なノウハウを蓄積し，サービス事業の実力を備えていく。こうした同社のサービス事業の実力が，取引先であった大手電機メーカー以外の企業から

も注目され，治工具や省力化機器の製作依頼や，地域に立地するユーザーへの
機械メンテナンスのアウトソーシング受託などにつながる。

　本章2節（3）で掲げたサービス事業の位置づけとしては，製品主体の考え
方から脱却し，製品とサービスを主従なく統合的に顧客に提供する「統合化」
に該当すると考えられる。また，本章3節（2）のGVC類型でいえば，「③モ
ジュラー・メーカー主導」であり，同社はメンテナンスの対象となる製品の
メーカーからフォローアップを受けながら，メンテンナンス・修理サービスを
実施する「代理店」として柔軟に活動している。代理店間では，サービス事業
者の激しい競争が想定されるが，同社は，修理の経験を蓄積することによって
当該修理業務に習熟していくことで顧客の信頼を勝ち取っている。

　同社は，国内では「製造現場の加工スタッフ」と「客先に出向くメンテナン
スサービススタッフ」とを明確に分けず，工場現場の人材も客先に出向いてメ
ンテナンス業務にも従事する。こうした対応は中小製造業ならではのものであ
り，組織が縦割りで分断される大手製造業には逆に困難な対応である。同社
は，製品事業とサービス事業を両立させる場合に生じる経営資源の不足を，製
造現場の従業員をサービス事業に兼務させることによって克服することに成功
した。モノづくりの現場の従業員がサービスの現場にも出向いているため，他
の工場で働く人と比べて顧客との接点・コミュニケーションが多く，そのこと
が，従業員に与えるプラスの影響も多いという。例えば，知識，やる気の向
上，顧客志向の醸成，マーケティング感覚の習得などである。従業員は，入社
して1年程度サービスの補助を経験したのち，リーダーとして客先に赴いて
サービスを実践する。個人差はあるものの，5年程度で，ほぼ1人で客先にて
サービス事業をこなせるようになるという。

　タイの子会社では，タイの日系工場を主顧客としたメンテナンス・修理サー
ビスなど各種サービスを展開する。その特徴は，タイのスタッフを活用しなが
らも，サービスノウハウは，日本にいる機械メーカーが遠隔でタイの同社ス
タッフを支援しながら実施する。とくに新型コロナ禍の期間においては，日本
からメンテナンススタッフをタイに送ることができない機械メーカーにとって

必要な存在となった。ある工場が機械をタイ工場に導入する際には，機械の（輸入）受け取り，据え付け，レベル出し，配線接続，動作確認などを機械メーカーのフォローアップのもと同社のスタッフが実施した。工場の機械のほか，美容サロン機器などの修理にも対応した[15]。

5. 結論

　以上みてきたように，メンテナンスなどのサービス事業は，機械などが故障している期間における顧客の機会損失の存在から，海外においても拠点設置の必要性は高まる。ただし，これには固定費用が必要であり，経営資源に制約のある中小製造業の場合には自社での拠点設置のハードルはけっして低くない。一方，代理店の拠点に依存し，代理店主導となると，サービス事業を「戦略化」するための情報流の確保が難しく，サービス事業が自社の競争力強化につながらない。こうしたトレード・オフをどのように克服していくのかが中小製造業のグローバル・サービスの要点となる。

　ST社は，サービスのGVC類型でいえば「④関係性」に該当し，駐在員で対応できないメンテナンスについて，日本国内の拠点から海外へと技術者を派遣して実施する。経営資源の制約のなか，顧客の機会損失を防ぐサービス網という意味での迅速な対応や，その都度かかる旅費などメンテナンス費用の観点では課題があるものの，そのマネジメントの特徴は，メンテナンスを通じた顧客との相互作用や自社への情報のフィードバックを確保することにある。

　YI社は，サービスのGVC類型でいえば「③モジュラー・メーカー主導」に該当し，自社での拠点展開やアウトソーシング，隣国からの派遣など，国ごとに柔軟なメンテナンス体制を構築する。そのなかで注目すべきは欧州での体制である。当初は自社拠点を設けてメンテナンスを展開していたが，現在では提

---

(15) 2014年4月11日に初回の非構造化インタビューを実施した。インタビュー対象者は代表取締役である。その後の状況変化はその後のインタビューおよび同社ホームページ等を参照した。

携先のドイツの同業者がそれを代行し，日本では逆に提携先製品のメンテナンスをYI社が受託している。ここでのマネジメントの要点は，同業者との互恵的な提携である。これにより，経営資源の制約を克服しながら，顧客の機会損失を防ぐ迅速なメンテナンス，メーカー主導の維持を可能としている。

　国内でもメンテナンス・修理サービスを展開するMS社は，業種や機器の種類にこだわらず，顧客の要望に応じた広範なグローバル・サービスを展開する。そのマネジメントの要点は，「③モジュラー・メーカー主導」のGVCのなかで，メーカーのフォローアップを受けながらメンテナンス・修理サービスを実施する「代理店」として柔軟に活動することである。これにより，海外にサービススタッフを十分配置できない日本のメーカーの「頼りになるパートナー」となっている。

　本章では，経営資源の制約を抱える中小製造業のグローバル・サービス・マネジメントのあり方を検討してきた。故障によって顧客の機会損失が生じるメンテナンスでは，顧客に近接した拠点設置が重要となる。また，経営資源に制約のある中小製造業において，自らの製品の特性，すなわち，本章で示したGVC類型に基づき，取引の複雑性，供給者の能力，および明文化の程度に応じて，自社のサービスにおけるGVCをどのように構築していくかを定め，さらには，顧客の機会損失を最小化し，かつ，自社のノウハウの蓄積を可能にするためのルートを確保することを意識しながら，これらに基づいて拠点のあり方を規定していくことが重要となる。

※本章は，奥山雅之（2020）「中小製造業のグローバル・サービス戦略─その理論的枠組と方向性」『日本政策金融公庫論集』第48号，pp.63-87，を大幅に加筆・修正したものである。

〈参考文献〉
奥山雅之（2020）『地域中小製造業のサービス・イノベーション』ミネルヴァ書房.

金融財政事情研究会（2016）『第13次業種別審査事典』5，きんざい.

中小企業基盤整備機構（2013）「地域中小企業における国際展開の取組み事例および課題に関する調査研究」.

中小企業研究センター（2011）「中小企業の海外展開—新世代グローバル企業の研究」.

中小企業庁（2008）『中小企業白書』2008年版.

土屋勉男・金山権・原田節雄・高橋義郎（2015）『革新的中小企業のグローバル経営：「差別化」と「標準化」の成長戦略』同文舘出版.

難波正憲・鈴木勘一郎・福谷正信（2013）『グローバル・ニッチトップ企業の経営戦略』東信堂.

根本孝編著（2004）『グローカル経営—国際経営の進化と深化』同文舘出版.

野村清著，田中滋監修（1983）『サービス産業の発想と戦略—モノからサービス経済へ』電通；（2008）『——改訂版』ランダムハウス講談社.

林上（2015）『都市サービス空間の地理学』原書房.

水越豊（2003）『BCG戦略モデル』ダイヤモンド社.

Armstrong, R.B. (Eds.) (1972) *The Office Industry: Patterns of Growth and Location,* Massachusetts; MIT Press.

Bartlett, C.A. and S. Ghoshal (1989) *Managing Across Borders: The Transnational Solution,* Brighton: Harvard Business School Press. （吉原英樹訳『地球市場時代の企業戦略—トランスナショナル・マネジメントの構築』日本経済新聞社，1990年）

Christaller, W. (1933) *Die Zentralen Orte in Süddeutschland: Eine ökonomisch-geographische Untersuchung über die Gesetzmässigkeit der Verbreitung und Entwicklung der Siedlungen mit städtischen Funktionen,* Gustav Fischer: Jena. （江沢譲爾訳『都市の立地と発展』大明堂，1969年）

Doz, Y., Santos, J. and P. Williamson (2001) *From Global to Metanational,* Brighton: Harvard Business School Press.

Freeman, S., Edwards, R. and B. Schroder (2006) "How Smaller Born-global Firms Use Networks and Alliances to Overcome Constraints to Rapid Internationalization." *Journal of International Marketing* Vol.14(3), pp33-63.

Friedman, T.L. (2005) *The World Is Flat: A Brief History of the Twenty-first Century,* New York: Farrar, Straus & Giroux. （伏見威蕃訳『フラット化する世界』日本経済新聞社，2006年）

Gereffi, G., Humphrey, J. and T. Sturgeon (2005) "The Governance of Global Value Chains." *Review of International Political Economy*, Vol.12(1), pp.78-104.

Ghemawat, P. (2007) *Redefining Global Strategy: Crossing Borders in a World Where Differences Still Matter*, Brighton: Harvard Business School Press.（望月衛訳『コークの味は国ごとに違うべきか』文藝春秋，2009年）

Goddard, J.B. (1975) *Office Location in Urban and Regional Development*, London: Oxford University Press.

Haig, R.M. (1926) "Toward an Understanding of the Metropolis: I. Some Speculations Regarding the Economic Basis of Urban Concentration." *The Quarterly Journal of Economics*, Vol.40(2), pp.179-208.

Knight, G.A. (2001) "Entrepreneurship and Strategy in the International SME." *Journal of International Management,* Vol.7(3), pp155-171.

Konishi, Y. (2017) "Global Service Value Chain in Japan: Inbound Tourism Cases." RIETI Policy Discussion Paper Series 17-P-011.

Lloyd, P.E. and P. Dicken (1972) *Location in Space: Theoretical Perspectives in Economic Geography (3rd ed.),* New York: Harper & Row.（伊藤喜栄監訳『立地と空間：経済地理学 の基礎理論』古今書院，1997年，改訂版2001年）

Mayer, T. and G.I.P. Ottaviano (2007) "The Happy Few: The Internationalisation of European Firms. New Facts Based on Firm-level Evidence." *Intereconomics* 43, pp.135-148.

OECD (2013) "Interconnected Economies: Benefiting from Global Value Chains", Synthesis Report, pp.1-54.

Perlmutter, H.V. (1969) "The Tortuous Evolution of the Multinational Enterprises." *Columbia Journal of World Business,* Vol.4; Issue1, pp.9-18.

Porter, M.E. (1985) *Competitive Advantage: Creating and Sustaining Superior Performance*, New York; Free Press.（土岐坤・中辻萬治・小野寺武夫訳『競争優位の戦略』ダイヤモンド社，1985年）

Pred, A. (1977) *City-systems in Advanced Economies: Past Growth, Present Processes and Future Development Options*, Paris; Hutchinson.

Rugman, A.M. (1981) *Inside the Multinationals-The Economics of International Markets*, New York: Columbia University Press.

Rugman, A.M. and A. Verbeke (2004) "A Perspective on Regional and Global Strategies of Multinational Enterprises." *Journal of International Business Studies*,

Vol.35, pp.3-18.

Simon, H. (2009) *Hidden Champions of the 21st Century; Success Strategies of Unknown World Market Leaders*, Berlin; Springer.（上田隆穂監訳『グローバルビジネスの隠れたチャンピオン』中央経済社，2010年）

Törnqvist, G. (1970) *Contact Systems and Regional Development*: Fund Studies in Geography Series B, Vol.35, Lund; Royal University of Lund, Sweden.

World Trade Organization (WTO) (2014) "The Rise of Global Value Chains." *World Trade Report 2014*, pp.78-127.

奥山雅之

第8章

結論と展望

　本書では，中小企業が「新たな国際化」において，どのような「マネジメント」を行っているのかを明らかにすべく，分析を行ってきた。本章では，第1章で示した3つの分析視角，すなわち，①国内外企業との連携のマネジメント，②新たな進出形態のマネジメント，③サービスのマネジメントについて，再度確認したうえで，それぞれについて本書の分析から得られた結論をまとめる。

　そして，最後に，本書では分析しきれなかった研究課題について述べる。

1. 結論

(1) 本書における3つの分析視角

　第1章では，中小企業の国際化に関する先行研究をレビューした。その結果，日本の中小企業の国際化において，近年変化がみられること，それに伴い研究の着眼点も変化していることなどを示した。そして，次のような分析視角を提示した。

　第一に，国内外企業との連携のマネジメントである。中小企業の国際化の目的が，生産から海外市場開拓へとシフトが進む中で，現地の状況に精通した海外企業と連携する重要性は増している。一方で，海外企業の探索や海外企業との関係構築をどのように行えばよいかについては，十分には明らかにされていない。また，近年みられる自発的な連携体による海外市場開拓への取組みについても，中小企業はどのようにマネジメントしているのか，明らかにする必要がある。

　第二に，新たな進出形態におけるマネジメントである。日本の中小企業のなかにも，海外企業に対してM&Aを実施することで，国際化を図るといった事例も現れている。経営資源に乏しい中小企業が，買収企業の探索から経営統合

までをどのようにマネジメントしているのか，研究を蓄積する必要がある。また，日本国内で伝統的な「のれん分け」を海外進出に活用する「越境のれん分け」といった新たな動きもみられるなかで，なぜこうした企業は，「越境のれん分け」という進出形態を選択し，そしてどのようにマネジメントしているのか，分析することも重要である。

第三に，サービスのマネジメントである。中小サービス業の海外展開が増加するなかで，美容業や教育業など，サービスの提供品質が「ヒト」に依存する形態において，文化や習慣の異なる現地人材をどのように採用し，教育すればよいのか，明らかにすることが求められる。また，海外子会社の機能が変化するなかで，これまでの製造や販売だけでなく，海外におけるサービス機能の提供や強化に関する研究も必要と考える。

以上に示した3つの分析視角について，本書で得られた結論は，以下の通りである。

(2) 国内外企業との連携のマネジメント

連携のマネジメントについては，第2章と第3章で取り上げた。

第2章では，自発的連携体による輸出事業のマネジメントについて，考察を行った。かつての組合による輸出は，各社の戦略や思い入れの度合いが様々であるためうまくいかないことが指摘されていた。一方，近年みられる自発的連携体では，各構成企業が自主的に輸出事業に取組み，各々の知識や意見をうまく融合させることで，個社では不足する各経営資源を補い合い，さらには新たな付加価値を生み出すことに成功している。複数の企業が参加することによる意見の相違等の難しさもあるが，いずれの企業からも信用される調整役がうまく立ち回ったり，役割分担をはっきりさせたりすることにより，意見を集約させ，輸出事業を円滑に進めていることが明らかにされた。

第3章では，中小企業が国際提携において，どのように海外企業との関係をマネジメントしているのか，考察を行った。その結果，戦略策定においては，海外パートナーの選定基準を明確化し，パートナー探しにおいては，様々な

パートナー探索手法を併用していた。また，締結交渉においては，海外パートナー企業とWin-Winの関係を目指す，役割分担を明確にする，お互いを理解する，技術流出を防止するといった工夫がみられた。スタートアップ時には，海外パートナーをサポートし，オペレーション段階においては，海外パートナーを管理する一方，海外パートナーへの対応体制を整備したり，海外パートナーとの関係を構築したりといった取組みを行っていた。

（3）新たな進出形態のマネジメント

　第4章と第5章では，近年，新たにみられる進出形態に焦点を当てて，そのマネジメントを分析した。

　第4章では，中小企業の海外M&Aに焦点を当てて，買収先探索から買収先との経営統合までのプロセスをどのように行っているのか，既存の国内外拠点と海外M&A先との間で，相乗効果をどのように創出しようとしているのかについて分析を行った。

　その結果，中小企業の海外M&Aにおいては，買収先の探索・決定，交渉で，専門家の活用により不足知識を補完したり，経営者が積極的に関与したり，買収後の収益改善や相乗効果を計画するといった特徴を有していた。買収先企業との経営統合プロセスにおいては，現地に権限を委譲する一方，重要案件は日本で管理する，経営陣については現地人材を積極的に活用する，現地従業員が働きやすい環境を整える，といった特徴が見いだされた。そして，既存の国内外拠点と海外M&A先との間で，営業面や生産面，海外拠点間でのノウハウ共有などによって，相乗効果を創出していることが明らかにされた。

　第5章では，「越境のれん分け」のマネジメントの特性について，「異質性と同質性のマネジメント」に焦点を当てて，明らかにした。

　その結果，「越境のれん分け」は，「直接投資」や「直接輸出」よりも，価格やプロモーションについてより柔軟に市場に対応したり，商品・サービスを現地ニーズに適合するよう積極的にアレンジしたりするなど，現地の裁量が増え，現地のきめ細かいニーズに対応できるという利点を有していた。また，本

家と別家との役割分担をみると，本家は，本家において一定の勤務あるいは事業を経験させることで別家に日本での特徴（異質性）を理解させるほか，事業の異質性を失わないために必要に応じて別家に対してサポートを実施する。他方，別家は対象市場の国・地域の出身あるいはそこでの生活経験があることで市場の特徴（同質性）を理解しており，経営の独立性の確保と高い自由度，比較的大きな裁量のもとで，ターゲットとする海外市場に対する同質性を高めていく取組みを実施している。すなわち，別家は，異質性を理解しながら，海外事業を「異質性と同質性の両立」へと調整していく役割を担っている。そして，この調整を支えるのが，本家と別家との人的結合や相互信頼である。

(4) サービスのマネジメント

第6章と第7章では，サービスのマネジメントを取り上げた。

第6章では，中小のソフト・サービス企業に焦点を絞って，海外展開で求められるマネジメントが何かということについて考察した。その結果，市場へのサービス内容の浸透手法や供給体制，あるいはモノへの依存の程度や資金制約下での対応について等，それぞれにおいて中小企業ならではの工夫があることがわかった。

第7章では，中小製造業がサービス事業をグローバルに，かつ利益を生む「プロフィットセンター」へと変えるための中小製造業のマネジメントを検討した。その結果，自社拠点設置による固定費用負担と，代理店の拠点に依存することによる，サービス事業を「戦略化」するための情報流の確保が難しくなるといった，トレードオフをどのように克服していくのかに加え，サービスのGVCをどのように構築するかを定め，自社のノウハウ蓄積を意識しながら，拠点のあり方などを規定していくことが中小製造業のグローバル・サービスの要点となることが明らかとなった。

2. 本書の意義と課題

　本書の意義として，第一に，2010年以降にみられた中小企業の国際化の変化に伴い，研究がどのように変化しているのかを明らかにするとともに，残された課題を整理したことがあげられる。

　第二に，日本中小企業の国際化における新たな動き，すなわち「新たな国際化」に焦点を当てて，中小企業が新たな国際化にどのように取り組んでいるのかといった「マネジメント」の実態を一部ではあるが明らかにしたことである。

　一方で，本書には多くの課題が残されている。ここでは，今後の研究課題について述べたい。

　第一に，本書で示した新たな国際化のマネジメントの精緻化である。本書は，事例研究を中心に議論を展開しているが，取り上げたテーマが「中小企業の新たな国際化」であるという性質上，事例数が少なく，探索的な研究となっている。今後，本書で示した新たな国際化に取り組む中小企業が増えるに従い，事例研究を増やしたり，定量調査に取り組んだりすることで，本書の結論を検証し，精緻化することが必要だろう。

　第二に，本書では，中小企業の新たな国際化の動きをすべて分析できたわけではない。本書では，中小サービス業の国際化や越境のれん分けなどを取り上げて，そのマネジメントを分析した。一方で，第1章の先行研究レビューで示した，それら以外の新たな国際化の動きについては，取り上げることができなかった。例えば，非製造業のBGC研究や，海外子会社を「優位性を生み出す主体」とするためのマネジメント，さらには海外子会社でのイノベーションを日本国内に取り込むためのマネジメントなどについて，研究を深める必要がある。

　第三に，本書では触れなかった新たな国際化の動きについても，明らかにしていく必要がある。例えば，海外進出に関しては，進出国の変化といった動きもある。海外進出後に関しては，海外からの撤退といった動きもみられる。本書では，紙幅の関係を踏まえて，これらの論点については取り上げていない。

こうした点についても明らかにする必要がある。

　以上のように，本書には多くの課題が存在している。こうした課題を解決すべく，今後も研究に取り組んでいきたい。

丹下英明

索　引

【編著者紹介】

丹下 英明（たんげ ひであき）［まえがき，第1章，第3章，第4章，第8章］

1972年	長野県生まれ
1995年	東北大学経済学部卒業，2016年 埼玉大学大学院経済科学研究科博士課程修了，博士（経済学） 日本政策金融公庫総合研究所主席研究員，多摩大学経営情報学部准教授などを経て
現 在	法政大学経営大学院イノベーション・マネジメント研究科教授
主 著	『中小企業の国際経営：市場開拓と撤退にみる海外事業の変革』，同友館，2016年（一般財団法人商工総合研究所「平成29年度中小企業研究奨励賞（経済部門）」準賞），『中小企業のリバース・イノベーション』（共著）同友館，2018年，『中小企業を変える海外展開』（共著）同友館，2013年。

足立 裕介（あだち ゆうすけ）［第2章，第6章］

1975年	大阪府生まれ
1999年	京都大学経済学部経済学科卒業，2023年 熊本県立大学大学院アドミニストレーション研究科博士課程前期課程修了，修士（アドミニストレーション） 日本政策金融公庫総合研究所主任研究員，同グループリーダーなどを経て
現 在	熊本学園大学商学部商学科准教授

奥山 雅之（おくやま まさゆき）［第5章，第7章］

1966年	東京都生まれ
1989年	明治大学商学部商学科卒業，2015年 埼玉大学大学院経済科学研究科博士課程修了，博士（経済学） 東京国税局，東京都商工指導所，東京都庁，多摩大学経営情報学部准教授などを経て
現 在	明治大学政治経済学部教授
主 著	『先進事例で学ぶ地域経済論×中小企業論』（共著），『地域中小製造業のサービス・イノベーション』以上，ミネルヴァ書房，2020年，『繊維・アパレルの構造変化と地域産業』（共著）文眞堂，2020年，『グローカルビジネスのすすめ』（共著）紫洲書院，2021年，『BASIS地域産業論』清明書院，2021年，『繊維・アパレルの集団間・地域間競争と産地の競争力再生』（共著）文眞堂，2022年。

【著者紹介】

藤井 博義（ふじい ひろよし）［第3章］

1976年	大阪府生まれ
2000年	滋賀大学経済学部卒業，2008年 大阪市立大学経営学研究科後期博士課程単位取得退学
現　在	立正大学経営学部教授
主　著	『中小企業のリバース・イノベーション』（共著）同友館，2018年，『START UP　財務管理と会計〜コーポレートガバナンス，日本企業の経営組織との関連で〜」（共著）中央経済社，2020年，『チャレンジ・アカウンティング〈四訂版〉』（共著）同文舘出版，2023年。

2024年7月20日 初版第1刷発行

法政大学イノベーション・マネジメント研究センター叢書27
中小企業の新たな国際化とマネジメント

© 編著者 丹下英明
足立裕介
奥山雅之

発行者 脇坂康弘

発行所 株式会社 同友館

〒113-0033 東京都文京区本郷2-29-1
TEL.03(3813)3966
FAX.03(3818)2774
https://www.doyukan.co.jp/

落丁・乱丁本はお取り替えいたします。
ISBN 978-4-496-05717-5

三美印刷／東京美術紙工
Printed in Japan